公共卫生思政系列

卫生统计学课程思政案例集

陈雯 顾菁 主编

中山大学出版社
SUN YAT-SEN UNIVERSITY PRESS
·广州·

版权所有　翻印必究

图书在版编目（CIP）数据

卫生统计学课程思政案例集/陈雯，顾菁主编 . —广州：中山大学出版社，2024.6. -- （公共卫生思政系列）. -- ISBN 978-7-306-08120-9

Ⅰ. G641

中国国家版本馆 CIP 数据核字第2024GD7619号

WEISHENGTONGJIXUE KECHENG SIZHENG ANLI JI

出 版 人：	王天琪
策划编辑：	吕肖剑
责任编辑：	潘惠虹
封面设计：	曾　斌
责任校对：	舒　思
责任技编：	靳晓虹
出版发行：	中山大学出版社
电　　话：	编辑部 020 - 84110283，84113349，84111997，84110779，84110776
	发行部 020 - 84111998，84111981，84111160
地　　址：	广州市新港西路135号
邮　　编：	510275　　　　　　　传　真：020 - 84036565
网　　址：	http://www.zsup.com.cn　　E-mail：zdcbs@mail.sysu.edu.cn
印刷者：	佛山市浩文彩色印刷有限公司
规　　格：	787mm×1092mm　　1/16　　15印张　　216千字
版次印次：	2024年6月第1版　　2024年6月第1次印刷
定　　价：	56.00元

如发现本书因印装质量影响阅读，请与出版社发行部联系调换

编委会

主　编 陈　雯　顾　菁

副主编 李菁华　赖颖斯

编　委（按姓氏笔画排序）

　　　　杜志成　张王剑　张晋昕　林爱华

　　　　郝　春　凌　莉　廖　婧

融思政教育于专业培养

——"公共卫生思政系列"丛书序

陈春声

做好课程思想政治(简称"思政")工作,是对落实"三全育人"理念具有关键性意义的重要环节。如何在每一位任课教师的专业课程教学过程中,道法自然,润物无声,将思政教育的养分有机融入高层次专业人才培养的土壤之中,有效地达到知识传授、价值塑造和能力培养多元统一的目标,仍是高等教育界各位同仁正在孜孜以求的重大课题。令人高兴的是,中山大学公共卫生学院的教师们在自己的专业领域做了可贵的探索。中山大学出版社出版的"公共卫生思政系列"丛书,为课程思政工作提供了一个可重复、可借鉴的范例。

中山大学公共卫生学院的教师们在教师党支部的引领下,结合各二级学科的特点和资源,胸怀"立德树人",培养德智体美劳全面发展的公共卫生事业年轻一代专业工作者的责任感和使命感,编写了《职业卫生与职业医学课程思政案例集》《流行病学课程思政案例集》《儿童少年卫生学课程思政案例集》《营养与食品卫生学课程思政案例集》《环境卫生学课程思政案例集》《卫生管理学课程思政案例集》《卫生毒理学课程思政案例集》《卫生统计学课程思政案例集》和《百年党史中的公共卫生》9本与专业教学内容密切配合的辅助教材。这些教材以丰富、生动的专业案例,着力让学生从公共卫生与预防医学专业课程中体验和感悟爱国精神、专业精神、求实精神及奉献精神，恪守规范，自成体系，讲求情理融汇，以文化人。这样的努力，真的是难能可贵。

公共卫生与预防医学旨在以多学科融合的方式，组织社会力量共同努力，改善环境卫生条件，培养人们良好的卫生习惯和文明的生活方式，研究疾病的发生与分布规律以及影响健康的各种因素，制定预防对策和措施，预防与控制传染病和其他疾病的流行，提供医疗服务，达到促进人民身体健康、提高生命质量的目的。因此，公共卫生与预防医学学科的专业教学内容，天然地蕴含着关注人群、造福百姓、胸怀家国、服务人类命运共同体的思政教育成分。一代代为人类健康事业做出贡献的公共卫生与预防医学领域的前辈学者，更是后来者接续奋斗的不朽榜样。这些都为本学科课程思政教学奠定了厚重的学术基础，提供了丰富而感人的专业案例。

翻阅这套丛书，其中选录的200多个案例内容涵盖古今中外，既包括古代中国与百姓健康相关的思想和实践，也有近代欧美公共卫生与预防医学发展过程中的经验与教训；既系统讲述了辉煌历程中历代中国共产党人对公共卫生事业的重视，也阐释了近年党和国家正确应对重大公共卫生事件的举措和政策；既有本学科发展历程中重要的科学实验、队列研究、疾患救治等丰富而生动的案例，又有一些因生态恶化、环境污染、劳动保护不足等引发对人群健康问题反思的个案。案例平实且深刻，专业而不造作。

习近平总书记高度关注公共卫生与预防医学事业的发展，重视高素质公共卫生人才的培养，明确提出"要建设一批高水平公共卫生学院，着力培养能解决病原学鉴定、疫情形势研判和传播规律研究、现场流行病学调查、实验室检测等实际问题的人才"①。中山大学公共卫生学院的教师们，根据习近平总书记的指示，努力为公共卫生与预防医学高素质人才的自主培养添砖加瓦。相信这套由该学院各二级学科近20位教师合作主编的丛书，对于公共卫生与预防医学专业的教师和学生们来说，都可谓开卷有益。

让人印象深刻的是，这套丛书自编写之初就高度重视其运用于专业教学实践的可操作性。丛书各分册的选题和公共卫生与预防医学专业本科教学基础课的体系相衔接，篇章目录与国内大多数公共卫生学院必修课的教学大纲基本一致。这套丛书是集体合作的成果，汇聚了各学科专家和众多工作人员的智慧与辛劳，且保持了体例一致、章节篇幅规整和文字叙述风格相近的特点，较好地达到了专业辅助教材编写的标准。可以说，这是一项在课程思政建设中具有可重复性意义的工作，其经验值得在其他专业的课程思政教学中推广。

中山大学公共卫生与预防医学学科具有优良的办学传统和丰厚的学术积累，在筚路蓝缕、追求卓越的不凡历程中，形成了富有特色的"教学育人为主体、科学研究为先导、服务社会为己任"的办学理念，成绩斐然。尤其令人感佩的是，中山大学公共卫生与预防医学专业师生们的大爱之心和奉献精神。适逢中山大学世纪华诞之际，"公共卫生思政系列"丛书的出版，也可视为献给百年校庆的一份贺礼。

是为序。

---

① 习近平：《构建起强大的公共卫生体系为维护人民健康提供有力保障》，载《求是》2020年第18期，第7页。

目　录

第一章　大师故事与课程思政 …………………………………… 1

第一节　袁贻瑾、许世瑾、薛仲三、郭祖超——中国
　　　　卫生统计学科的先驱 ……………………………… 1

第二节　胡孟璇——不畏艰辛、守正创新的卫生统计学
　　　　先驱 ………………………………………………… 6

第三节　苏炳华——中国临床试验统计学的领路人 ……… 8

第四节　蒋庆琅——简略寿命表的编制人 ………………… 12

第五节　亚伯拉罕·棣莫弗——棣莫弗 - 拉普拉斯中心
　　　　极限定理 …………………………………………… 15

第六节　托马斯·贝叶斯——贝叶斯定理 ………………… 18

第七节　皮埃尔·西蒙·拉普拉斯——棣莫弗 - 拉普拉斯
　　　　中心极限定理、贝叶斯思想 ……………………… 21

第八节　约翰·卡尔·弗里德里希·高斯——正态分布
　　　　 …………………………………………………………… 25

第九节　弗朗西斯·高尔顿——相关和回归 ……………… 29

第十节　卡尔·皮尔逊——相关与回归分析、皮尔逊
　　　　分布函数族 ………………………………………… 32

第十一节　贾尔·瓦尔德马尔·林德伯格——中心
　　　　　极限定理 ………………………………………… 35

第十二节　威廉·希利·戈塞——Student's t 分布、
　　　　　Student's t 检验 ………………………………… 38
第十三节　保罗·皮埃尔·莱维——中心极限定理 …… 41
第十四节　罗纳德·艾尔默·费希尔——P 值理论、
　　　　　F 分布、F 检验、实验研究设计 …………… 46
第十五节　耶日·内曼——置信区间和假设检验 ……… 49
第十六节　弗兰克·威尔科克森——非参数检验 ……… 52
第十七节　伦纳德·吉米·萨维奇——贝叶斯统计 …… 54
第十八节　戴维·罗斯贝·科克斯——Cox 回归 ……… 57
第十九节　威尔弗雷德·基思·黑斯廷斯——Metropolis-
　　　　　Hastings 算法 ………………………………… 60

第二章　统计学实验与课程思政 ………………………… 63
第一节　正态分布：高尔顿钉板实验 ………………… 63
第二节　随机化算法：蒙特卡洛模拟 ………………… 66
第三节　抽样实验：统计推断的基石 ………………… 69
第四节　概率与频率：伯努利大数定理 ……………… 72
第五节　t 分布：参数估计基础 ……………………… 75
第六节　总体均数的区间估计：置信区间 …………… 81
第七节　摸球实验与二项分布：概率理论 …………… 84
第八节　Ⅰ、Ⅱ类错误：统计推断的正确性 ………… 86
第九节　多样本的两两比较：t 检验的错误演示 …… 90
第十节　协方差与相关系数 …………………………… 93
第十一节　随机抽样与随机分组 ……………………… 99

第三章　统计学的医学应用与课程思政 ………………… 105
第一节　麻醉剂氟烷风波：以统计学思维抽丝剥茧，
　　　　辨明真相 ……………………………………… 105

第二节　2004—2018年中国老年居民慢性病死亡水平
　　　　 与变化趋势：常用相对数指标……………… 107
第三节　中国学龄儿童青少年身体活动和体质健康研究：
　　　　 区间估计和假设检验………………… 117
第四节　易地扶贫搬迁：卡方检验………………… 122
第五节　大骨节病的病因探索：完全随机设计的方差分析
　　　　 …………………………………………… 126
第六节　贝叶斯公式在医学诊断中的应用………… 130
第七节　"尼古丁退出"试验：贝叶斯统计推断 ……… 134
第八节　相关与回归分析在健康管理科研中的应用…… 139
第九节　新型农村合作医疗政府投入与效果：直线回归
　　　　 …………………………………………… 144
第十节　中国心血管疾病一、二级预防研究：Logistic
　　　　 回归………………………………………… 149
第十一节　居民医疗服务满意度及影响因素分析：多重
　　　　　 线性回归………………………………… 156
第十二节　中国罕见病患者参与临床试验现状调查：
　　　　　 调查研究设计…………………………… 161
第十三节　中国健康与养老追踪调查：观察性研究设计
　　　　　 …………………………………………… 165
第十四节　中国自主研发的肿瘤免疫药物的临床试验
　　　　　（CameL研究）：实验研究设计 ………… 170
第十五节　辛普森悖论：率的标准化……………… 175
第十六节　"健康中国2030"与期望寿命 ………… 178
第十七节　昼夜节律紊乱与癌症患者预后不良的关联：
　　　　　 生存分析………………………………… 180
第十八节　信迪利单抗联合化疗作为局部晚期或转移性
　　　　　 食管鳞状细胞癌一线治疗的效果评估

（ORIENT-15）：生存分析…………… 186

第四章 其他类型思政案例…………………… 192
第一节 中国古代的统计思想：数据分布的描述……… 192
第二节 "超过八成学生支持冬季长跑"：数据的产生 … 195
第三节 《矛与盾》和反证法：统计推断……………… 197
第四节 塔斯基吉梅毒实验：医学伦理………………… 199
第五节 有争议的心肌干细胞研究：科研诚信………… 201
第六节 卫生健康事业发展统计公报：统计图表和卫生统计指标……………………………………………… 204
第七节 第七次全国人口普查公报：卫生统计常用指标…………………………………………………… 211
第八节 卫生统计指标的选择需谨慎：卫生统计常用指标…………………………………………………… 217
第九节 CAST 试验——临床决策上的一次质的飞跃：Meta 分析 ……………………………………… 221
第十节 慢性毒理学试验中的非独立数据：大数据与公共卫生……………………………………………… 225

第一章 大师故事与课程思政

第一节 袁贻瑾、许世瑾、薛仲三、郭祖超——中国卫生统计学科的先驱

一、案例内容

袁贻瑾（1899—2003），湖北咸宁人，1927年毕业于北京协和医学院，1929年获得美国约翰·霍普金斯大学公共卫生硕士学位，1931年获得生物统计学科博士学位，回国后曾任北京协和医学院公共卫生学系教授、系主任。

袁贻瑾是中国公共卫生事业的奠基人之一及世界卫生组织的筹备者和创办者之一。1935年，袁贻瑾倡议并创立了中国第一个结核病防治机构"北京第一卫生事务所结核病门诊处"，开展结核病防治工作。1945年，袁贻瑾任防疫设计委员会主任委员、南京结核病防治院院长，后又先后担任世界卫生组织结核病资源办公室部门主任和世界卫生组织派驻联合国儿童基金会医学主任、协同首席医学顾问等职。袁贻瑾不仅为我国培养了大量公共卫生人才，还根据部分地区资料，完成了中国首次人口平均寿命的计算，并据此编制了我国第一个人口寿命表。

许世瑾（1903—1988），浙江绍兴人，1923年毕业于北京医科专科学校，1930年获得美国约翰·霍普金斯大学公共卫生硕士学位。许世瑾是中国卫生统计事业的奠基者之一，曾任上海医科大学专家委员会委员、卫生系副主任、保健组织学和卫生统计学教研室主任及中华医学会卫生统计学组组长、中国卫生统计学会顾问和上海卫生统计学会顾问。

许世瑾从事卫生统计工作60余年，在医学人口统计及居民健康统计等方面有很高的造诣，发表论文100余篇，在《对中国死因分类的初步研究》一文中编制了我国首个居民死因分类表。他也是我国第一位在国际上发表生命统计方面研究成果的学者，在《世界生命统计》年报发表了《1934—1936年南京市生命统计报告》。他还与204家医院联合组建了我国最早的传染病全国登记报告系统，统计了19种传染病及寄生虫病的发病情况，分析了我国传染病的地理分布特征，为传染病防治提供了重要参考数据。许世瑾教授还通过调查上海市1万余名中小学生的身体发育状况，编制了我国首个学龄儿童身长、体重发育表。20世纪70年代末，许世瑾教授根据长期积累的统计资料及教学经验，编写了《医学统计方法》一书，该书后来被许多医学院校选为研究生教材。

薛仲三（1907—1988），河北宝坻县人，1930年毕业于东北大学数学系，1931—1940年在北京协和医院从事医学统计工作，1941年赴美国约翰·霍普金斯大学公共卫生学院学习，硕士毕业后回国工作。薛仲三教授是中国卫生统计事业的奠基者之一，先后任中央卫生实验院（中国医学科学院前身）卫生资料组主任、复旦大学统计系主任和上海财经学院（现上海财经大学）统计系主任。

薛仲三教授在统计图表规格化、符号系统化、计算程序化、说理通俗化等方面做了大量开创性工作。他在北京协和医学院工作期间，对编制统计表的理论和方法进行了深入研究，并编写了《两千年中西历对照表》一书，该专著在历次全国人口普查中都发挥了积极作用。20世纪中叶开始，针对当时中国统计学教科书脱离国情、不易学、不易懂等不足，他先后编写了《高等统计学》《普通统计学》和《医学统计方法和原理》等专著，使统计学变为一门易学、易懂、易用的学科，更好地为医学科研工作服务。在计算程序化方面，薛仲三教授分别于1963年和1975年出版了《六位简易对数表》和《六位对数表》，这两本书使用方便，大大减少了对数检索步骤，在电子计算机和计算器还很不发达的年代，为科学计算减轻了很大负担。1954年起，薛仲三教授任上海第二军医大学军队卫生教研室教授，开始了在军队从事医用数理统计和军队卫生统计的科研与教学生涯。在调到军队工作后，他主持编写了多部卫生统计资料汇编，总字数达400多万字，使我国军队卫生统计工作走上正规化轨道，也为该领域的研究积累了非常丰富的历史资料和数据。1965年，他编制的《住院天数简算表》被批准在全军医院推广使用，并获中华人民共和国国防部嘉奖。

郭祖超（1912—1999），江苏省青浦县（今上海市）人，1934年毕业于国立中央大学，并留校担任统计学教学工作，1947年赴美国约翰·霍普金斯大学公共卫生学院进修生物统计学，回国后在国立中央大学医学院任教。由于我国20世纪50年代的院系调整，郭祖超教授于1954年开始在第四军医大学（现为中国人民解放军空军军医大学）工作。郭祖超教授是我国著名的医学统计学家、医学教育家，是军队卫生统计学的奠基人之一，曾任中华医学会卫生统计学组副组长、中国卫生统计学会副会长、卫生部卫生统计信息专家咨询组顾问和全军医学统计专业委员会顾问。

早在国立中央大学医学院任教时，郭祖超教授就发现该校图书馆里医学统计方面的书籍不足10本，有的甚至连临床应用的参考值也都是外国标准。为此，他刻苦学习医学知识，广泛查阅和收集医学统计资料、原始数据，凭一把算盘和一本对数表完成了全部数据处理工作，撰写了27万字的专著《医学与生物统计方法》。该书于1948年出版，后被教育部定为大学教科书。20世纪50年代末，《医学与生物统计方法》修订再版，篇幅扩充到45万字，并更名为《医用数理统计方法》。到70年代后期，该书再次修订。1988年，郭祖超教授出版了140万字的《医用数理统计方法》（第三版），成为当时的医学统计学巨著。他还主编了《中国人民解放军卫生统计工作规范》，该书使全军部队、医院的卫生统计原始登记表格和指标分析方法有了统一的标准与规范。

为推进我国卫生统计学的发展与专业队伍的建设，许世谨、薛仲三、郭祖超等卫生统计学家在中华医学会的支持下，成立了中华医学会卫生学分会卫生统计学组。该卫生统计学组团结了一批该领域的教学、科研人员，共同促进了我国卫生统计学的学术交流，为学科持续发展奠定了良好的基础。

二、案例分析

2022年9月25日，习近平总书记在中国人民大学考察时强调，"广大青年要做社会主义核心价值观的坚定信仰者、积极传播者、模范践行者，向英雄学习、向前辈学习、向榜样学习，争做堪当民族复兴重任的时代新人，在实现中华民族伟大复兴的时代洪流中踔厉奋发、勇毅前进"①。袁贻瑾、许世瑾、薛仲三、郭祖超四位专家均曾在美国留学，但无一例外地舍弃了当时国外优厚的条件，回到祖国，为我国卫生统计学科的创立以及公共卫生事业的发展做出了卓越的贡献。几位前辈付出毕生精力为我国科学研究和学科的发展与传承积累了无数宝贵的资料和经验，同时为祖国培养了大批卫生统计学专业人才，也为高校医学、卫生统计学教研室的建设和发展培养了大量骨干教师，促进了整个学科的发展。

当代青年不仅要学习前辈的爱国主义精神，也要学习他们善于发现问题、研究问题和解决问题的科学精神，脚踏实地，努力学习，踔厉奋发，为祖国的发展贡献力量。

参考文献

[1] 百度百科. 薛仲三 [DB/OL]. (2022－03－18) [2022－11－30]. https://baike.baidu.com/item/%E8%96%9B%E4%BB%B2%E4%B8%89/5738859?fr=aladdin.

[2] 陈育德. 纪念医学统计学与卫生统计学家郭祖超教授诞辰100周年 [J]. 中华预防医学杂志, 2012 (1): 4－5.

[3] 东南大学校友总会. 郭祖超：国立中央大学教育心理系1934年毕业校友 [EB/OL]. (2022－06－02) [2022－11－30]. https://seuaa.seu.edu.cn/2008/0116/c1672a25969/pagem.htm.

[4] 复旦大学医学宣传部. 许世瑾：中国卫生统计事业的奠基人 [EB/OL]. (2022－07－18) [2022－11－30]. https://news.fudan.edu.cn/2022/0718/c1247a131972/page.htm.

---

① 新华社：《习近平在中国人民大学考察时强调：坚持党的领导传承红色基因 扎根中国大地 走出一条建设中国特色世界一流大学新路》，见中国政府网（https://www.gov.cn/xinwen/2022－04／25/content_5687105.htm?eqid=f19b95de0001897200000000005645b2492）。

[5] 上海医科大学公共卫生学院. 深切悼念许世瑾教授 [J]. 中国卫生统计, 1988 (5): 64.

[6] 上海医科大学公共卫生学院. 著名卫生统计学家: 许世瑾教授 [J]. 中华预防医学杂志, 1987, 21 (2): 106 - 107.

[7] 徐勇勇. 拓荒者的足迹: 记卫生统计学家、医学教育家郭祖超教授 [J]. 中华预防医学杂志, 1997, 31 (3): 129 - 131.

[8] 袁义斌. 从乡村走出去的联合国官员: 原联合国儿童基金医事首席顾问袁贻瑾传奇 [EB/OL]. (2017 - 10 - 31) [2022 - 11 - 30]. http://www.yuanszq.com/forum.php?mod = viewthread&tid = 4479.

（陈　锋　陈　雯）

第二节　胡孟璇——不畏艰辛、守正创新的卫生统计学先驱

一、案例内容

胡孟璇（1923—2022），安徽安庆人，1949 年毕业于国立湘雅医学院，1954 年于中山医科大学任教。胡孟璇教授是我国著名的统计学和肿瘤流行病学专家，国务院学位委员会学科评议组第 1—3 届成员，中山大学公共卫生学院及卫生统计学教研室的创始人之一。

中华人民共和国成立初期，公共卫生事业发展面临着人才匮乏、技术水平落后等诸多难题，全国仅黑龙江、上海、山西、四川、湖北各有一所学校建有公共卫生系。胡孟璇教授联合何志谦、周炯亮等教授，以"先上马，后加鞭"的方式在中山医学院建立起囊括卫生统计学、营养卫生学、劳动卫生学等多个二级

学科的卫生学系。作为中山医学院卫生统计学的主要负责人，胡孟璇教授多次前往广东省人民医院、儿童医院等多家医疗机构，为临床工作人员免费讲解统计学知识，推广卫生统计学的应用。

1982年，胡孟璇教授远赴法国里昂国际肿瘤研究中心进修。她敏锐地意识到，计算机在卫生统计学学科具有巨大的应用价值和发展前景。进修期间，她省吃俭用攒下5000美元购买了一台电子计算机，并无偿捐献给了中山医学院。这是中山医学院的第一台台式计算机，开启了计算机辅助卫生统计学教学的新篇章。

20世纪80年代，胡孟璇教授带队下乡，在广东省中山市、四会市等地建立了肿瘤研究队列现场，并与中山大学肿瘤防治中心一起推动建立了当地的肿瘤防治研究所、肿瘤三级防癌网和肿瘤登记制度。这为减轻当地肿瘤疾病负担、促进我国肿瘤研究发展奠定了坚实的基础。1986年，胡孟璇教授还组织开展了全国第一届Cox模型研讨会。此次研讨会聚集了全国各地的专家学者，讨论Cox模型的理论基础、应用方法以及相关统计技术等问题，为推动Cox生存分析在中国的普及和应用起到了重要作用。

二、案例分析

胡孟璇教授将毕生精力奉献给了卫生统计学，为学科发展做出了卓越贡献。她一生艰苦奋斗、无私奉献、时刻心系人民生命健康的精神品质，为后辈树立了永不磨灭的精神榜样。胡孟璇教授"敏于求知、勇于开拓、身体力行"的精神，勉励我们要志存高远，培养终身学习的态度，也激励我们要开拓视野，培养创新思维和勇于开拓的精神，敢于尝试新的理论、方法和技术。

青年时期是学习的黄金时期，要将学习的知识落到实处、用于实践，在实践中检验自己，提升自身能力，在实现中华民族伟大复兴的道路上贡献力量。

参考文献

[1] 央视网.《健康之路》20220419 抗癌战（六）[EB/OL].（2022-04-19）[2023-04-07]. https://tv.cctv.com/2022/04/19/VIDE9Br4rzrrF2ZxY0NDVmPO220419.shtml.

[2] 中山医科大学卫生统计学教研室计算机室."全国 Cox 模型研讨会"在广州召开[J]. 中国卫生统计，1986（4）：6.

（王　旭　顾　菁）

第三节　苏炳华——中国临床试验统计学的领路人

一、案例内容

苏炳华（1941—2022），中国生物统计学家，中国药物临床试验统计事业的开拓者和奠基者之一，中国临床试验统计学的领路人。他曾任上海第二医科大学生物统计教研室主任、统计理论与方法专业委员会主任委员，参与国家食品药品监督管理局包括《临床试验报告的结构与内容技术指导原则》和《临床试验中的生物统计学技术指导原则》在内的多个临床试验指导原则的制定。

1962 年，苏炳华从上海第二医学院（1985 年更名为上海第二医科大学，2005 年与上海交通大学合并成为上海交通大学医学院）儿科系毕业。1964 年，他成功考上第四军医大学研究生，跟随中国著名医学统计学家郭祖超教授从事医用数理统计研究，主要研究方向为变异数分析与实验设计。研究生毕业后，他回到母校上海第二医学院，在生物统计教研室任教直至退休。

20 世纪 70 年代，计算机及编程语言的推广为临床试验生物统计学研究带来发展契机。为更好地开展科研，苏炳华开始学习 ALGOL 60 语言。为了学习编程，他经常在深夜借用外单位的计算机进行钻研。那时的 CJ-709 型电子计算机没有屏幕和键盘，只能通过纸带打孔进行输入。当时的编程学习条件十分困难，但凭借强烈的求知欲和惊人的耐心，他迅速地掌握了这门语言。此后，他又陆续学习了 Fortran、Basic、Pascal 等编程语言。扎实的计算机编程功底，为其科研工作奠定了坚实的基础。1976 年，在上海市教育局的支持下，上海第二医学院购买了一台 CJ-709 型电子计算机，并成立了电子计算机医学应用研究室。苏炳华跟随史秉璋教授加入该研究室，从事电子计算机医学应用研究工作。计算机的使用，使复杂的统计分析变得易于实施，进一步推动了多元统计分析方法在医学中的应用。

苏炳华和史秉璋合作编写了《电子计算机医学应用》《蒙特卡洛法及其在医学统计上应用》《计算机综合统计分析（上、下册）》等本科生、研究生教学讲义。1985 年，苏炳华参与金丕焕主编的《医用统计程序集》的编写；1987 年，他和史秉璋合作编写了《实用医学统计手册》；1996 年，他主编了《医学统计学及其软件包》（上海医科大学出版社 1996 年版）。这些书籍成为医学统计学的经典教材。2000 年，苏炳华主编了《新药临床试验统计分析新进展》（上海科学技术文献出版社 2000 年版）。该书系统归纳了当时国外关于新药临床试验分析的前沿统计模型，填补了国内新药临床试验分析领域缺少系统介绍前沿统计模型的空白。

1984 年以后，美国食品药品监督管理局陆续出台多项生物统计学指导原则。而彼时，统计学在我国临床试验中发展缓慢，卫生部提出，要将统计学引入临床试验，并计划派遣学者出国深造以建立中国临床试验生物统计学规范。苏炳华因具有医学、统计学的双重学科背景及丰富的临床试验经验，在 1990 年 2 月和

1995年3月，先后两次被国家委派出国。他以高级访问学者的身份来到英国爱丁堡大学，跟随医学统计研究室主任（时任欧洲药品审评机构统计专家组组长）学习临床试验生物统计学知识。在访学中，苏炳华理清了临床试验的全部概念，将当时最前沿的临床试验原则、规范和研究方法以及用于临床试验的软件包系统引进回国。

回国后，苏炳华被任命为卫生部药物政策处临床试验统计学专家组组长，参与多种临床试验项目的咨询和审评工作。此外，他还致力于临床试验统计学在国内的宣传推广工作，翻译并向药品审评部门以及其他评审专家讲解国外的临床试验生物统计学指导原则。同时，他帮助国家药监部门药品评审中心创建了生物统计部，建立了统计标准和体系，使我国的临床试验水平与国际接轨。

此外，苏炳华长期在国家食品药品监督管理局药物临床试验质量管理规范（Good Clinical Practice，GCP）培训中心讲授临床试验设计和统计分析的相关课程，培养了一批包括北京大学第一医院医学统计室姚晨教授和复旦大学卫生统计教研室赵耐青教授在内的临床试验统计学人才。

二、案例分析

苏炳华教授为我国临床试验统计学的发展做出了卓越贡献。青年时期，他在艰苦的条件下以惊人的毅力掌握了多门计算机编程语言，他刻苦钻研的精神令人佩服。中年时期，他远赴海外，学习先进的临床试验概念、原则、规范、研究方法和统计软件的知识。回国后，他致力于推进国内临床试验生物统计学分析技术与国际先进水平接轨。退休后，他坚持在生物统计学领域发挥余热。终其一生，苏炳华教授将他所有的时间和精力投入中国临床试验生物统计学事业,极大地推动了该领域的发展。

在苏炳华教授看来,临床试验统计人员在学问方面必须有努力钻研的耐心与决心;要善于与不同领域的医学工作者沟通合作,取长补短,共同进步;最重要、最基本的是要坚持行为准则。他表示:"我对自己和学生的要求是,在临床试验中,该统计学家说的,一定要坚持表达观点,不该统计学家说的,则应该保持倾听。"

参考文献

[1] 毛冬蕾. 苏炳华:我是一本厚厚的临床试验生物统计图书,任何人需要时就翻一下丨遇见 [EB/OL]. (2016-09-19) [2022-12-31]. http://www.pharmadj.com/cms/detail.htm?item.id=971b7b50275e11e89200fa163e227c38.

[2] 沃红梅. 中国医学统计学发展简史(1949—2012)[D]. 南京:南京医科大学,2013.

[3] 研发客. 生物统计界人士深切缅怀苏炳华教授丨第一现场 [EB/OL]. (2022-09-27) [2022-12-31]. https://xueqiu.com/4376152234/231623209.

[4] 赵平. 泰格医药首席生物统计专家苏炳华教授:坚守生物统计学半个多世纪,源于我对这份事业真正的热爱 [EB/OL]. (2019-01-21) [2022-12-31]. https://mip.yaozui.com/p750891.html.

(杨 潇 江欣然 李菁华)

第四节　蒋庆琅——简略寿命表的编制人

一、案例内容

蒋庆琅（1914—2014），著名华裔统计学家，美国统计学会、数学统计学会及伦敦皇家统计学会成员，世界卫生组织及多个国际机构的特别顾问。40多年的教学生涯中，他培养了许多医学统计人才。国内著名统计学家、中山大学方积乾教授就是他培养的博士。蒋庆琅对统计学的发展做出了伟大贡献，主要包括寿命表的编制、竞争风险和随机过程理论的提出等。

蒋庆琅出生于中国浙江省宁波市，1936年考入清华大学物理专业。随后战争爆发导致学校局势混乱，他被迫转入经济系。也正是在那段时间里，他对统计学产生了浓厚的兴趣，并下定决心日后转学统计学。1946年，蒋庆琅赴美攻读统计学博士学位，就读于加利福尼亚大学伯克利分校，师从耶日·内曼（Jerzy Neyman）教授。1951年，蒋庆琅担任加利福尼亚大学公共卫生学院生物统计学助教工作，负责教授"寿命表"课程。这是他教授的第一门课程，也是他第一次听到"寿命表"这个名词。由于缺少这方面的知识，他授课时非常吃力，于是他决定开始从数学的角度重新构建寿命表，并提出寿命表分析法。

1960—1961年，蒋庆琅教授将该方面研究的主要内容进行整理并发表论文《寿命表及其应用的随机研究》（"A Stochastic Study of the Life Table and its Applications"）。该论文主要描述了生物特征函数的概率分布，展示了相应期望值、方差、协方差的计算公式，并阐述了如何在实际应用中使用这些公式。除此之外，蒋庆琅教授还提出了寿命表结构法：将每一年龄区间死亡率（出生率）转换为死亡概率（出生概率）的转换公式。在统计学中，将"率"转换成"概率"是非常重要的，因为"率"是可以观察到的，而"概率"是理论研究中所需要的。没有这个转换公式，就不能得到"概率"，也就不能正确地进行理论研究。举个例子来说，在人口统计理论研究方面，将出生率转换成出生概率是非常需要的。这亦是阿弗雷德·洛特卡（Alfred Lotka）在研究人口自然增长率时所遇到的问题。蒋庆琅教授用妇女分娩次数（孩子的个数）代替年龄区间，导出了一个转换公式，求得一名女性生一个女孩的概率值。通过这一转换，避免了洛特卡人口自然增长率研究的局限性，推导出了"真实人口增长率"公式。1958年，蒋庆琅利用埃德温·威尔逊（Edwin B. Wilson）的方法，改进了计算期望寿命的方差公式，并于1966年发表论文《观测期望寿命的方差公式——基于威尔逊的方法》（"On the Formula for the Variance of the Observed Expectation of Life—E. B. Wilson's Approach"）。1983年，蒋庆琅教授编写的教材 *Life Table and its Applications*，由其学生方积乾教授翻译为中文版《寿命表及其应用》（上海翻译出版公司1984年版）并出版。

由于在统计学领域的杰出贡献，蒋庆琅教授被授予加利福尼亚大学伯克利分校"伯克利奖"。他去世后，加利福尼亚大学伯克利分校每年都会颁发一个以"蒋庆琅"命名的奖项，表彰一名在生物统计学专业具有突出表现的学生。

二、案例分析

从第一次听到"寿命表"这个名词，到提出寿命表分析法，这个过程离不开蒋庆琅教授对统计学的热爱和不懈的奋斗。"兴趣是最好的老师"，是人们面对挫折时源源不断的力量源泉。无论是科研还是学习，我们都无法避免出现纰漏与闪失，遇到各种各样的挫折与困难。有的人因为拥有兴趣而越挫越勇，有的人因为没有兴趣而茫然自失。由此可见，在学习生涯中培养个人兴趣至关重要。对于学生阶段面临的问题和暂时的困难，需要个人积极努力积累知识经验，对所处的困境深入了解，才能找出解决问题的方法。只有这样，兴趣才能逐渐转化为学习和研究的动力，促使个人不断成长。

参考文献

[1] CMAADMIN (HEAL). Chiang remembered as pioneer biostatistician of public health [EB/OL]. (2015-06-04) [2022-12-07]. https://www.divhealth.net/disparities/article/15067679/chiang-remembered-as-pioneer-biostatistician-of-public-health.

[2] CHIANG C L. A stochastic study of the life table and its applications：Ⅰ. probability distributions of the biometric functions [J]. Biometrics, 1960, 16 (4): 618-635.

[3] CHIANG C L. A stochastic study of the life table and its applications：Ⅱ. sample variance of the observed expectation of life and other biometric functions [J]. Human biology, 1960, 32 (3): 221-238.

[4] CHIANG C L. A stochastic study of the life table and its applications. Ⅲ. The follow-up study with the consideration of competing risks [J]. Biometrics, 1961, 17 (1): 57-78.

[5] JEWELL N P. In memoriam Chin Long Chiang, professor of biostatistics, emeritus [EB/OL]. [2022-12-07]. https://senate.universityofcalifornia.edu/_files/inmemoriam/html/ChinLong-Chiang.html.

[6] LI Z, CHIANG C L. A conversation with Chin Long

Chiang [J]. Statistical science, 1999, 14 (4): 457-470.

(田　甜　张王剑)

第五节　亚伯拉罕·棣莫弗——棣莫弗-拉普拉斯中心极限定理

一、案例内容

亚伯拉罕·棣莫弗（Abraham de Moivre, 1667—1754），出生于法国维特里勒弗朗索瓦，法国著名数学家，巴黎科学院成员、英国皇家学会委员会成员、柏林科学院院士。

11岁时，棣莫弗被送至一所新教徒学院（Protestant Academy）学习。由于该学校不重视数学教育，棣莫弗没能接受正规的数学培训。但出于对数学的热爱，棣莫弗自学数学，阅读了简·普雷斯泰（Jean Prestet）的《数学之歌》（*Éléments des mathématiques*）、克里斯蒂安·惠更斯（Christiaan Huygens）的《论赌博中的计算》（*De Ratiociniis in Ludo Aleae*）等数学著作。1684年，棣莫弗搬去巴黎，幸运地遇见了法国杰出数学教育家雅克·奥扎拉姆（Jacques Ozanam），开始接受系统的数学培训。棣莫弗在英国取得的学术成就，本可以在剑桥大学获得一个教授职位，但因为其法国籍的身份，他最终未能如愿，并一直未被委以重任。此外，棣莫弗的收入极其微薄，贫困潦倒。直至晚年，棣莫弗仍然以家庭教师和保险顾问等工作维持生计，但这并未能影响棣莫弗所取得的成就。

棣莫弗一生最伟大的贡献，是发现在大量实验中二项式分布近似正态分布。这个发现被认为是20世纪30年代的独立变量和中心极限定理研究的起点。雅格布·伯努利（Jacob Bernoulli）在其遗作《猜度术》（Ars conjectandi）中指出："通过无限次重复实验，可以计算出任何事物的概率，并从偶然现象中揭示出事物的秩序。"然而，他并未明确说明这种偶然现象中的秩序。1733年，棣莫弗证明了当数据量很大时，二项分布近似收敛于正态分布。1756年，棣莫弗在著作《机会的学说》（The Doctrine of Chances）中对这一结论进行了详细的阐述。几年后，法国著名数学家皮埃尔·西蒙·拉普拉斯（Pierre Simon Laplace）将二项分布的正态近似扩展到了任意概率的情形，从而产生了著名的棣莫弗–拉普拉斯中心极限定理。该定理构成了数理统计学和误差分析的理论基础，表明随机变量在满足一定条件下会近似服从正态分布，为统计学家提供了用正态分布来描述和解决概率问题的坚实理论基础。

此外，棣莫弗为解析几何和概率论的发展也做出了重要贡献。人们常说，在早期概率理论史上存在三部里程碑性质的著作，其中之一就是棣莫弗的《机会的学说》（The Doctrine of Chances），另外两部分别是伯努利的《猜度术》（Ars conjectandi）和拉普拉斯的《概率的分析理论》（Théorie Analytique des Probabilités）。棣莫弗提出的以频率估计概率的观点被看作是人类认知自然的重大进步。他在数理统计学领域最显著的贡献之一是创立了以他的名字命名的棣莫弗–拉普拉斯中心极限定理，该理论成为数理统计学中大样本方法的基础。

二、案例分析

艰苦奋斗是一种难能可贵的精神品质，在不同时期具有不同的内涵和不同的表现形式，能使人们释放更强的驱动力、凸显更大的时代价值。习近平总书记在2018年新年贺词中提道，"幸福都是奋斗出来的"①。一个多月后，习近平总书记在春节团拜会上再次指出，"奋斗本身就是一种幸福。只有奋斗的人生才称得上幸福的人生。奋斗是艰辛的，艰难困苦、玉汝于成，没有艰辛就不是真正的奋斗，我们要勇于在艰苦奋斗中净化灵魂、磨砺意志、坚定信念……奋斗者是精神最为富足的人，也是最懂得幸福、最享受幸福的人"②。我们在实现自己人生价值的过程中要坚定前行，不断努力，追求属于自己的幸福。

棣莫弗的一生便是如此，虽然他贫困潦倒，但始终静心笃志、潜心修研，创立了棣莫弗 - 拉普拉斯中心极限定理，并成为解析几何和概率论发展的先驱。对待科研，我们要学习棣莫弗勤奋学习、勤恳实干的精神品质，培养淡泊名利、潜心研究的科研志趣，在科学研究道路上努力探索、坚持不懈，勇赴星辰大海。

参考文献

［1］何佳薇. 贝叶斯统计理论的形成及发展［D］. 太原：山西师范大学，2015.

［2］BELLHOUSE D R, GENEST C. Maty's biography of Abraham de Moivre, translated, annotated and augmented［J］. Statistical science, 2007, 22（1）：109 - 136.

［3］DE MOIVRE A. The dotrine of chance［EB/OL］.（2020 - 03 - 09）［2022 - 12 - 07］. https://www.mathpages.com/home/kmath642/kmath642.htm.

---

① 新华社：《国家主席习近平发表二〇一八年新年贺词》，见中国政府网（https://www.gov.cn/xinwen/2017 - 12/31/content_5252083.htm）。

② 习近平：《在2018年春节团拜会上的讲话（2018年2月14日）》，见中国政府网（https://www.gov.cn/xinwen/2018 - 02/14/content_5266872.htm）。

[4] O'CONNOR J J, ROBERTSON E F. Abraham de Moivre [EB/OL]. (2004-06-01) [2022-12-07]. https://mathshistory. st-andrews. ac. uk/Biographies/De_Moivre/.

（时新富　赖颖斯）

第六节　托马斯·贝叶斯——贝叶斯定理

一、案例内容

托马斯·贝叶斯（Thomas Bayes，1702—1761），英国神学家、数学家、数理统计学家和哲学家。他在数学和统计学方面有着伟大成就，提出了贝叶斯统计理论，是将归纳推理运用于数学概率的第一人。

贝叶斯出生在英国伦敦一个非国教英格兰教会（Church of England）的长老会（Presbyterian）家庭。1719年，他进入爱丁堡大学接受逻辑学和神学方面的教育。完成学业后，他继承父亲乔舒亚·贝叶斯（Joshua Bayes）的长老会牧师职务，并于1742年被选为英国皇家学会会员。

贝叶斯在哲学和数学领域刻苦钻研，于1736年发表文章《流数学导论及数学家对〈分析家〉作者的辩护》（"An Introduction to the Doctrine of Fluxions, and a Defence of the Mathematicians Against the Objections of the Author of the Analyst"）。文中，贝叶斯肯定了艾萨克·牛顿（Isaac Newton）关于微积分的思想，批评了乔治·贝克莱（George Berkeley）对于微积分思想的攻击。这彰显了他的数学才华。

在晚年时，贝叶斯对概率产生了浓厚的兴趣。他在概率论方

面的工作和发现，以遗稿的形式由他的朋友牧师兼统计学家理查德·普赖斯（Richard Price）在他去世后（1763年）发表，其中一篇就是著名的《论有关机遇问题的求解》（"An Essay towards Solving a Problem in the Doctrine of Chances"）。这篇文章为贝叶斯学派的诞生和贝叶斯统计的发展奠定了基础。贝叶斯创立了主观概率的第一个公式，即"贝叶斯公式"。贝叶斯公式又称"贝叶斯定理"，是在假设所有未知概率的值在观察发生之前就已经知道的基础上建立的。即设 B_1，B_2，$\cdots$，B_n 为互不相容事件，且 $P(A)>0$，$P(B_i)>0$（$i=1$，2，$\cdots$，n），它们两者的概率并不相同，但是它们两者之间存在一定的相关性；已知事件 B_i 的概率等于 $P(B_i)$，在事件 B_i 已经发生的条件下，事件 A 发生的概率为 $P(A|B_i)$，则事件 B_i 在事件 A 已经发生的条件下发生的概率为：

$$P(B_i|A) = \frac{P(B_i) \times P(A|B_i)}{\sum_{j=1}^{n} P(B_j) \times P(A|B_j)}$$

式中 $i=1$，2，$\cdots$，n。通常把 $P(B_i)$ 称为"先验概率"，$P(A|B_i)$ 称为"似然概率"，$P(B_i|A)$ 则称为"后验概率"。在贝叶斯看来，概率是对一个事物是否发生的相信程度，他加入已知经验进行判断，即将先验信念与观察到的数据相结合，使信念得到更新。用通俗的式子归纳贝叶斯统计的思想，即先验分布＋样本信息→后验分布。

贝叶斯的文章在发表初期，因与主流学派的观点不同，并没有立刻引起很大反响。在该文章发表十年后，法国著名数学家拉普拉斯陆续发表几篇论文，全面而通俗地阐述了贝叶斯的思想。由于拉普拉斯在科学界享有极高声誉，他发表的这些文章很快就受到广泛关注。人们对贝叶斯思想也开始有了深入而全面的了解，这是贝叶斯理论的第一次流行。但之后"频率学派"快速发展成为主流,并开始批判贝叶斯思想,贝叶斯思想又一次陷入沉寂。直到20世纪下半叶,在越来越多的统计学家的努力下,贝叶斯思想才开始迎来复兴。现在,随着计算机学科的发展,贝叶斯统计在医学诊断、经济预测、质量监控等领域被成功应用,并成为统计学的重要学派之一。

二、案例分析

通过介绍托马斯·贝叶斯的生平及其成就,让学生了解统计学的发展历程可谓百家争鸣,强调在学术研究上不能思想僵化。这与我国的"双百"方针不谋而合。2016年5月17日,习近平总书记在哲学社会科学工作座谈会上发表重要讲话,指出:"百花齐放、百家争鸣,是繁荣发展我国哲学社会科学的重要方针。要提倡理论创新和知识创新,鼓励大胆探索,开展平等、健康、活泼和充分说理的学术争鸣,活跃学术空气。要坚持和发扬学术民主,尊重差异,包容多样,提倡不同学术观点、不同风格学派相互切磋、平等讨论。"①

现代社会,经济发展对高层次创新型、复合型和应用型人才的需求变得愈加紧迫。因此,学生们在学习专业课程的同时也应注重学科间的平衡发展,博采众家之长,通过借鉴其他学科的经验和成果,不断丰富学术素养、拓宽个人视野、培养创新思维、增强综合能力,以应对现代社会的快速变化和复杂挑战。

参考文献

[1] 何佳薇. 贝叶斯统计理论的形成及发展 [D]. 太原:

---

① 习近平:《在哲学社会科学工作座谈会上的讲话(2016年5月17日)》,见中国共产党新闻网(https://cpc.people.com.cn/n1/2016/0519/c64094-28361550.html)。

山西师范大学，2015.

［2］茆诗松，程依明，濮晓龙. 概率论与数理统计教程［M］. 北京：高等教育出版社，2019.

［3］唐晓彬，沈童. 说说贝叶斯统计的发展史［J］. 中国统计，2021（8）：35-37.

［4］MR. BAYES, MR. PRICE. An essay towards solving a problem in the doctrine of chances［J］. Philosophical transactions (1683-1775), 1763 (53): 370-418.

（时新富　黄思月　赖颖斯）

第七节　皮埃尔·西蒙·拉普拉斯——棣莫弗-拉普拉斯中心极限定理、贝叶斯思想

一、案例内容

皮埃尔·西蒙·拉普拉斯（Pierre Simon Laplace，1749—1827），法国科学院院士，杰出的物理学家、数学家和统计学家，分析概率论的创始人。拉普拉斯于1816年当选为法兰西学院院士，1817年任该院院长。拉普拉斯对统计学的贡献，包括以下方面：总结了当时关于概率论的研究成果，为数理统计学奠定了基础；将概率论和统计学初步融合；探索和使用抽样调查方法进行推断，建立了观测误差理论；提出了应以自然科学的方法研究社会现象。

1749年，拉普拉斯出生于法国诺曼底的博蒙昂诺日。从青年时期开始，他就显示出卓越的数学才能，曾在博芒特和卡昂的军事学校学习。18岁时，他凭借对数学的热爱，前往巴黎，求

见当时声名显赫的数学权威让·勒朗·达朗贝尔（Jean le Rond d'Alembert）。他虽然被拒之门外，却并没有灰心，仍全力学习数学。后来，他写了一篇力学论文，向达朗贝尔求教。凭借出色的表现，他打动了达朗贝尔。达朗贝尔不但立即接见了拉普拉斯，而且主动提出当其教父，并推荐他到巴黎陆军学校担任数学教授。从此，拉普拉斯正式踏上了数学研究的道路。

拉普拉斯沉醉于概率论方面的研究，并撰著了大量论文。1774年，拉普拉斯发表论文《论事件原因存在的概率》（"Mémoire sur la probabilité de causes par les évenements"），提出了"不充分推理原则"，这与贝叶斯思想不谋而合。这篇论文提道："如果一个事件H可能由n个原因（$\delta_1, \delta_2, \delta_3, \cdots, \delta_n$）引起，那么在给定事件$H$已经发生的前提下，这些原因存在的概率与在给定原因的前提下该事件发生的概率成正比。且在该事件发生的前提下，某一原因存在的概率可以表示为，当该原因存在时导致该事件发生的概率与所有原因存在时导致该事件发生的概率之和的比例。"即：

$$\frac{P(\delta_i \mid H)}{P(\delta_j \mid H)} = \frac{P(H \mid \delta_i)}{P(H \mid \delta_j)}$$

$$P(\delta_i \mid H) = \frac{P(H \mid \delta_i)}{\sum_{j=1}^{n} P(H \mid \delta_j)}$$

在没有理由说明某个原因特别有优势的情况下，先验概率应每一个都取$\frac{1}{n}$。虽然拉普拉斯在文中并未提出先验概率这种说法，但他认为$\frac{1}{n}$这个假定概率是明显的事实。1781年，他在文章《论概率》（"Mémoire sur les probabilités"）中对这一原则提供了完整证明。此外，他在1786年发表的文章《关于巴黎的出生、结婚和死亡问题》（"Sur les naissances, les mariages et les mortsa Paris depuis 1771 jusqu'a 1784 et danstoute l'étendue de la France, pendant les années 1781 et 1782"）中也提到了对贝叶斯理论的讨论，并于 1778 年肯定了贝叶斯思想。因此，兰斯洛特·霍格本（Lanctlot Hogben）曾说："以贝叶斯名义证明的思想主要是由拉普拉斯共同证明的。"

1812 年，《概率的分析理论》（*Théorie Analytique des Probabilités*）这一统计学领域著作问世，之后该书的其他 5 个版本也陆续出版。在这本书中，拉普拉斯总结了在过去几个世纪中有关概率论的全部研究成果，以及他个人的贡献：提出古典概率的明确定义，建立误差理论，引进正态分布和最小二乘法，证明棣莫弗-拉普拉斯定理，并把概率论用于人口统计、自然现象和社会问题的研究。其中，棣莫弗-拉普拉斯中心极限定理的证明是拉普拉斯最显著的贡献之一。他在棣莫弗中心极限定理（Demoiver's central limit throrem）的基础上提出中心极限定理的一般形式，把二项分布的渐进正态性推广到了对任意概率成立的情形，并指出可以使用正态分布来近似表示二项分布。即假设存在一组随机变量 X_1，X_2，…，X_n 独立同分布，均服从二项分布 $X_n \sim B(n, p)$，则对任意的 X，恒有：

$$\lim_{n \to \infty} P\left\{\frac{1}{\sqrt{np(1-p)}}(X_1 + \cdots + X_n - np) \leq x\right\}$$
$$= \int_{-\infty}^{x} \frac{1}{\sqrt{2\pi}} e^{-\frac{t^2}{2}} dt = \Phi(x)$$

其中，$\Phi(x)$ 为标准正态分布 $N(0, 1)$ 的累积概率。从上式可得 $\sum_{i=1}^{n} X_i$ 的均值为 np，标准差为 $\sqrt{np(1-p)}$。

二、案例分析

通过讲述拉普拉斯的求学经历和他在统计学方面的个人贡

献，让学生体会拉普拉斯不畏困难、积极进取的科研态度。此外，也鼓励学生在追求学术的道路上学习拉普拉斯遭到拒绝时坚定信心、锲而不舍、完善自身的精神品质。习近平总书记在知识分子、劳动模范、青年代表座谈会上勉励广大青年："广大青年要保持初生牛犊不怕虎的劲头，不懂就学，不会就练，没有条件就努力创造条件。'志之所趋，无远弗届，穷山距海，不能限也。'对想做爱做的事要敢试敢为，努力从无到有、从小到大，把理想变为现实。要敢于做先锋，而不做过客、当看客，让创新成为青春远航的动力，让创业成为青春搏击的能量，让青春年华在为国家、为人民的奉献中焕发出绚丽光彩。"①

在追求真理的道路上，人们难免会遇到各种各样的挫折与困难。作为国家的希望与民族的未来，青年学子当学会面对逆境与挑战，勇于砥砺奋斗、练就过硬本领，争做新时代的弄潮儿。

参考文献

[1] 包玉清，吴俊，叶冬青. 分析概率论先驱：皮埃尔·西蒙·拉普拉斯 [J]. 中华疾病控制杂志，2019，23（5）：617-620.

[2] 何佳薇. 贝叶斯统计理论的形成及发展 [D]. 太原：山西师范大学，2015.

[3] 唐晓彬，沈童. 说说贝叶斯统计的发展史 [J]. 中国统计，2021（8）：35-37.

[4] 徐传胜，曲安京. 拉普拉斯的《分析概率论》研究 [J]. 自然科学史研究，2006（3）：227-238.

---

① 习近平：《在知识分子、劳动模范、青年代表座谈会上的讲话（2016年4月26日）》，见共产党员网（https://news.12371.cn/2016/04/30/ARTI1461972801925715.shtml）。

[5] O'CONNOR J J, ROBERTSON E F. Pierre-Simon Laplace [EB/OL]. (1999-01-01) [2022-12-07]. https://maths-history.st-andrews.ac.uk/Biographies/Laplace/.

[6] BALL W W R. A short account of the history of mathematics [M]. New York: Courier Corporation, 1960.

(时新富　黄思月　赖颖斯)

第八节　约翰·卡尔·弗里德里希·高斯
——正态分布

一、案例内容

约翰·卡尔·弗里德里希·高斯(Johann Carl Friedrich Gauß, 1777—1855),出生于德国布伦瑞克,德国著名数学家、物理学家、天文学家、几何学家、大地测量学家,享有"数学王子"的美誉。

1792年,高斯进入著名的卡罗琳学院(布伦瑞克工业大学的前身)学习,这一时期,贯穿高斯一生的研究风格趋于成熟,即不停地进行观察和实例分析,进而从中获得灵感和猜想。1795年,高斯进入哥廷根大学学习。1799年,他获得赫尔姆施泰特大学博士学位。

在进入卡罗琳学院之前,高斯就已研究过几何平均的概念,入校后,他进一步发现了几何平均和其他许多幂级数的联系,提出了著名的最小二乘法。这一成果推动了数理统计学的发展(相关与回归分析、方差分析和线性模型等都是最小二乘法的应用或扩展)。在卡罗琳学院学习的三年,他还发现了二次互反律，研究素数分布，并猜想出素数定理。此外，高斯在他的博士论文中证明了代数基本定理：任一多项式都有（复数）根。事实上，在高斯之前已有许多数学家给出了这个结果的证明，但均不严密。高斯一一指出前人证明中的不足，并提出自己的见解。高斯在1796—1801年（19—24岁）这六年的时间里提出或证明的猜想、定理、概念、假设和理论平均每年不少于25项。在这些成就中，最突出的是他1801年发表的《算术的研究》，在该论文中，他把过去一直由零星成果堆砌而成的数论知识织成一张结构紧凑、自成系统的网。

1801年，高斯根据少量观测数据，使用自己所提出的最小二乘法，准确预报了小行星"谷神星"的运行轨道，这是当时天文学界最关注的科学问题之一。高斯的成果也很自然地引起了轰动。1802年，高斯被俄国圣彼得堡科学院选为通讯院士，并被聘为喀山大学教授，同年9月，他被邀请出任圣彼得堡天文台台长。1809年，高斯出版了论著《天体运动理论》。在该书末尾，他推导出误差分布为正态分布。若随机变量 X 的概率密度为：

$$f(x) = \frac{1}{\sqrt{2\pi}\sigma}e^{-\frac{(x-\mu)^2}{2\sigma^2}} \quad (-\infty < x < +\infty)$$

则称 X 服从正态分布 $N(\mu, \sigma^2)$。在该公式中，两个最重要的数学常量 π 和 e 都奇妙地汇聚在概率密度 $f(x)$ 的表达式中。正态分布是概率统计的重要内容，是概率统计中最重要、最常见的分布，也是许多统计方法的理论基础。Z 检验、t 检验、方差分析、相关和回归分析等多种统计方法均要求资料服从正态分布。许多不服从正态分布的变量，在大样本时相应的统计量也近似正态分布。因此，正态分布有极其广泛的应用性，生产与科学实验中很多随机变量的概率分布都可以近似地用正态分布来描述。1993年，德国发行的10马克纸币上，印上了高斯的头像及正态分布概率密度的图像，以表达对高斯及其贡献的尊重（如图1-1所示）。

图1-1 1993年德国发行的10马克纸币

事实上，正态分布是由法国数学家亚伯拉罕·棣莫弗（Abraham de Moivre）和高斯各自独立发现的。1733年，棣莫弗在寻找二项公式近似计算方法时，也发现了二项分布在$p=1/2$时的极限分布是正态分布（具体可见本章节中关于棣莫弗的介绍）。棣莫弗和高斯在不同的数学文化背景下，从不同的科学问题入手，采用不同的方法，得到相同的结论，可谓殊途同归。

高斯一生生活简朴，工作严肃，性格刚毅，鄙视一切贪图名利或急于求成的做法，对自己的工作更是精益求精。他对研究要求非常严格，他曾经说："宁可发表少，但发表的东西是成熟的成果。"

二、案例分析

高斯的个人成长和科研工作经历体现出很多优秀的个人品质，例如严谨认真和求真务实的科学态度、思辨能力、创造性思维及终身学习的观念，这些优秀品质值得青年学子学习。

2020年9月11日，习近平总书记在科学家座谈会上的讲话中指出："党的十八大以来，我们高度重视科技创新工作，坚持把创新作为引领发展的第一动力。通过全社会共同努力，我国科技事业取得历史性成就、发生历史性变革。""科技创新特别是原始创新要有创造性思辨的能力、严格求证的方法，不迷信学术权威，不盲从既有学说，敢于大胆质疑，认真实证，不断试验。"①

参考文献

[1] 龚鉴尧. 世界统计名人传记［M］. 北京：中国统计出版社，2000.

[2] 刘文畅. 数学家高斯［J］. 科学大观园，2005（18）：78－79.

[3] 熊春连. 数学家之王：高斯［J］. 中学数学研究，2003（9）：38－39.

[4] 徐传胜，张梅东. 正态分布两发现过程的数学文化比较［J］. 纯粹数学与应用数学，2007（1）：137－144.

（陈　锋　陈　雯）

---

① 习近平：《在科学家座谈会上的讲话（2020年9月11日）》，见中国政府网（https://www.gov.cn/xinwen/2020－09/11/content_5542862.htmeqid=e30965d7000206f900000002646d7bed）。

第九节 弗朗西斯·高尔顿——相关和回归

一、案例内容

弗朗西斯·高尔顿（Francis Galton，1822—1911），出生于英国伯明翰，英国著名统计学家和人类遗传学家。高尔顿将自然进化论引入人类学研究，开创了优生学，又将统计学首次应用于生物学研究，提出了相关和回归的概念，是生物统计学的先驱，并与卡尔·皮尔逊共同创办了 *Biometrika* 杂志。

高尔顿从小就聪颖过人。15 岁时，父亲安排他随一家英国医学机构到欧洲大陆进行巡回医疗活动。之后，他在伯明翰市立医院做了两年内科见习医生。这段经历使他积累了许多解剖学和生理学知识。17 岁时，他到伦敦国王学院学习医学、生理学、植物学和化学。但不久之后，他发现自己对数学和自然哲学更感兴趣。1840 年，他考入剑桥大学三一学院学习数学，最终获得剑桥大学学士学位。1859 年，高尔顿的表兄查尔斯·达尔文（Charles Darwin）出版了《物种起源》。高尔顿在该书中"自然选择理论"的引导下，进行了兔子模型、豌豆模型等论证实验，证明了物种遗传观点。

在进行这些遗传学研究时，高尔顿发现了线性回归现象。为了开展豌豆模型实验，他向英国各地的好友分发了事先准备好的豌豆种子并让大家种植。种子按直径分为 7 组，分别装入用字母 k、l、m、n、o、p、q 标记的 7 个小包，每包含有相同直径的种子 10 颗，且 7 包种子的总直径依次增加。豌豆收成后被连根拔起，贴上标签，统一送回给高尔顿。高尔顿测量了大约 490 颗子代种子，发现子代种子的大小分布与其亲代种子的大小分布接近一致，且大尺寸亲代种子的子代种子的平均大小趋向整个种群的原始平均水平。他又在 X 轴上标出亲代种子的平均直径，在 Y 轴上标出子代种子的平均直径，发现可以用一条直线把这些点连起来，这就是第一条被绘制出的回归线。高尔顿最初把回归线的斜率称作"回复系数"，后来更名为"回归系数"。

继豌豆模型实验发现回归现象后，高尔顿又进行了人体身高的遗传规律研究。在高尔顿收集的数据中，身高由 100 多个不同身体部位的长度累积而得。高尔顿将父母平均身高记为 X，子代身高记为 Y，将所有亲代和子代的身高数据绘制成散点图（scatter diagram），发现两个变量的变化趋势近乎一条直线。由此他得出结论：虽然影响身高的身体部位数量众多，但它们在代际间的变化接近回归现象的假设，即人体身高回归到整体平均水平的规律同豌豆模型是一样的。高尔顿在发现子代与亲代身高的回归关系后，又尝试观察其他人体测量数据。在对人体前臂长度与身高进行比较后，他又发现前臂长度与身高之间存在关联性，并类推到人体测量的其他指标，如头颅横向宽度与纵向宽度、头长与身高等。1888 年，他将这些发现写入《相关及其主要来自人体的度量》（"Co-relations and Their Measurements, Chiefly from Anthropometric Data"）这篇经典论文中，文中采用了沿用至今的符号"r"表示相关系数。

二、案例分析

高尔顿早年涉猎广泛的学习经历，为后来将统计学应用于生物学研究中，并创新性地提出相关和回归系数等概念起到了至关重要的作用，他本人也成为生物统计学研究的领路人。在校大学生应该培养广泛的兴趣。杨昌济先生在教导青年时期的毛泽东时曾说："修学储能，先博后渊。"这句话的意思是求学要先有广阔的知识积累，后有深远的认知见解，博学然后精进，博大然后精深。

相关和回归的概念是高尔顿在将理论运用于实践的过程中，总结和归纳出的科学发现。他通过多次实践，发现了遗传个体之间的关联性，同时创新性地提出相关和回归系数等概念，并发现相关关系可以转化为函数关系。这其中蕴含着变化发展的辩证思想和"透过现象看本质"的哲学理性思维。高尔顿也曾就"正态分布对世界客观规律的描述"有过著名的评论："当我们从混沌中抽取大量的样本，并按大小加以排列整理时，那么总是有一个始料不及的美妙规律潜伏在其中。"这也体现了马克思主义唯物辩证观。2019年，习近平总书记在《求是》杂志上发表署名文章《辩证唯物主义是中国共产党人的世界观和方法论》，强调"学习掌握唯物辩证法的根本方法，不断增强辩证思维能力，提高驾驭复杂局面、处理复杂问题的本领"，"学习掌握认识和实践辩证关系的原理，坚持实践第一的观点，不断推进实践基础上的理论创新"①。

参考文献

［1］龚鉴尧. 世界统计名人传记［M］. 北京：中国统计出版社，2000.

［2］李清茹，吴俊，叶冬青. 相关和回归分析的创始人：弗朗西斯·高尔顿［J］. 中华疾病控制杂志，2018，22（9）：981-983.

［3］刘钝，苏淳. 博学的绅士：弗朗西斯·高尔顿［J］.

---

① 习近平：《辩证唯物主义是中国共产党人的世界观和方法论》，载《求是》2019年第1期，第4-8页。

自然辩证法通讯，1988（6）：57-70.

［4］任本命. 弗朗西斯·高尔顿［J］. 遗传，2005（4）：511-512.

［5］PEARSON K. The life, letters and labours of francis galton: plate section［M］. Cambridge: Cambridge University Press, 2011.

（陈　锋　陈　雯）

第十节　卡尔·皮尔逊——相关与回归分析、皮尔逊分布函数族

一、案例内容

卡尔·皮尔逊（Karl Pearson, 1857—1936），出生于英国伦敦，英国数学家、生物统计学家，数理统计学的创立者，对生物统计学、优生学和气象学等学科做出过重大贡献，被誉为现代统计科学的创立者。

1879 年，皮尔逊在剑桥大学国王学院获得学士学位，毕业后又先后到德国海德堡大学和柏林大学继续深造。在德国求学期间，皮尔逊倾心于马克思的学说，成了一名马克思主义信仰者。为了表达对马克思的崇敬之情，他将自己的名字由 Carl Pearson 改为 Karl Pearson，以求与卡尔·马克思（Karl Marx）同名。1884 年，他受邀担任伦敦大学学院应用数学和力学哥德斯米德（Goldsmid）教席教授。1890 年，他受聘到格瑞萨姆学院（Gresham College），担任几何学讲座教授。

19 世纪，大部分工业化国家逐渐掀起国情普查的热潮。官

方和半官方机构开始收集大量数据，数据收集方法日趋成熟。遗憾的是，由于当时的统计理论几乎全部由数学家和天文学家提出，多数统计部门对收集到的丰富数据都无法分析或不能正确分析。在此背景下，皮尔逊开始了统计学领域的研究。1890年，皮尔逊发现，弗朗西斯·高尔顿（Francis Galton）提出的"相关"比"因果关系"应用更为广泛，能在很大程度上把数学应用于心理学、人类学、医学和社会学等领域。于是，皮尔逊开始研究"相关"等统计学概念。他在格瑞萨姆学院的讲座和伦敦大学学院的两门统计理论课程中，对生物学、物理学和社会科学等学科中的统计资料进行了图示讲解，讨论了概率理论和"相关"概念，并用掷硬币、抽纸牌和观察自然现象等方法进行了验证。随后，皮尔逊撰写了4篇关于变异和相关（variation and correlation）的文章，发表在《哲学学报》上，揭示了偏斜相关（skew correlation）和非线性回归的一般理论。

此外，皮尔逊在正态分布的基础上发展了非正态分布。1895年夏天，皮尔逊写信给高尔顿，讲述即便生物数据不符合正态分布，依然可以使用相关分析。但高尔顿坚持认为所有生物数据必须符合正态分布才可以使用相关分析。直到1895年的秋天，皮尔逊提出积矩相关系数 $r = \dfrac{\sum xy}{Ns_x s_y} = \dfrac{\sum xy}{\sqrt{\sum (x^2) \sum (y^2)}}$ 和简单回归的数学性质后，两人间的争论才得以缓解。1901年，皮尔逊与高尔顿一起创办了 *Biometrika* 杂志。之后的很多年，皮尔逊是这本杂志的唯一编辑。*Biometrika* 目前是英国生物统计学基金会和生物统计局联合出版的统计学期刊，是国际统计学界影响最为广泛的顶尖学术期刊之一。

除了在相关和回归领域的贡献，皮尔逊在1895年还提出了有关频率曲线的理论。他在二项分布和超几何分布的基础上推导出概率密度曲线的微分方程 $\dfrac{\mathrm{d}f}{\mathrm{d}x} = \dfrac{(x-a)f}{b_0 + b_1 x + b_2 x^2}$，并据此提出了著名的皮尔逊分布函数族。皮尔逊分布函数族分为 12 种类型，包括常用的正态分布和统计学中一些重要的分布，如 t 分布、F 分布和 χ^2 分布等，其中 χ^2 分布为皮尔逊在对非对称曲线拟合过程中的独立发现。皮尔逊分布函数族的出现，打破了"正态分布是万能的"这一传统观念，填补了非正态分布的空缺，完善了数据分布的统计学描述，是数理统计发展史上的重大突破。剑桥大学将皮尔逊在 1894—1916 年间发表的论文，汇编为《卡尔·皮尔逊早期统计论文集》(1948) 进行出版。他提出的许多统计学术语，都是今天我们耳熟能详的统计学经典概念，如方差（variance）、标准差（standard deviation）、列联表（contingency table）、拟合优度（goodness of fit）、相关系数（correlation coefficient）、偏度（skewness）、峰度（kurtosis）、矩（moment）等。

皮尔逊退休后，请求学院为他保留了一间办公室，只要有可能，他都按照学院的作息时间规律地生活和工作。直到弥留之际，他还坚持看完了 *Biometrika* 第 28 卷的几乎全部校样。

二、案例分析

皮尔逊能取得那么多瞩目的成就，成为数理统计学科的奠基人，与他一生"勤学""明辨"和"笃行"密不可分。孔子的弟子子思在《礼记·中庸》中有云"博学之，审问之，慎思之，明辨之，笃行之"，可用于治学修身。2014 年 5 月，习近平在北京大学同师生代表座谈时，对广大大学生提出了"勤学、修德、明辨、笃实"的希望。广大青年要在勤学、修德、明辨、笃实上下功夫，下得苦功夫、求得真学问，加强道德修养、注重道德实践，善于明辨是非、善于决断选择，扎扎实实干事、踏踏实实做人，立志报效祖国、服务人民，于实处用力，从知行合一上下功夫。

参考文献

[1] 龚鉴尧. 世界统计名人传记 [M]. 北京：中国统计出版社，2000.

[2] 江宏. 卡尔·皮尔逊 [J]. 中国统计，1985（12）：39-40.

[3] 李勇，尹云峰，张敏. 现代统计"四大天王"之卡尔·皮尔逊 [J]. 中国统计，2021（3）：55-56.

[4] 夏元睿，吴俊，叶冬青. 数理统计学理论的奠基人：卡尔·皮尔逊 [J]. 中华疾病控制杂志，2018，22（11）：1201-1203.

（陈　锋　陈　雯）

第十一节　贾尔·瓦尔德马尔·林德伯格——中心极限定理

一、案例内容

贾尔·瓦尔德马尔·林德伯格（Jarl Waldemar Lindeberg，1876—1932）是芬兰著名的数学家，一生致力于概率和统计学的研究，取得了突出成就，得到了广泛认可。他是科学学会（the Society of Sciences）和芬兰科学院（the Finnish Academy of Sciences）成员。他在数学领域的诸多突破性成果，为之后的数学发展（尤其是概率与统计学领域的发展）奠定了理论基础。

1876年，林德伯格出生于一个富裕的教师家庭，很小就展示出数学天赋和对数学的浓厚兴趣。1897 年，林德伯格在姑妈的支持下，前往巴黎学习，研究与偏微分方程相关的课题。1902 年，他在赫尔辛基大学担任讲师。1904 年，他开始致力于研究积分变换相关的问题。1916 年，林德伯格在概率论方面的研究成果开始受到同行的广泛认可，他被公认为这一领域的专家。

林德伯格对概率和统计学的第一个贡献，同时也是最著名的贡献，是他对中心极限定理的新证明。这个命题，由棣莫弗和拉普拉斯首次提出，并在 1901 年由李雅普诺夫（Ljapunov）第一个证明。1920 年，林德伯格在不知道李雅普诺夫通过特征函数证明中心极限定理的情况下，基于卷积定理对这一命题进行了证明，并发表论文《关于概率论中的指数规律》（"Uber das Exponentialgesetz in der Wahrscheinlichkeitsrechnung"）。两年后，他又通过新方法得出更稳定的结果，并在《数学》（Math）上发表论文《概率论中指数规律的新推导》（"Eine neue Herleitung des Exponentialgesetzes in der Wahrscheinlichkeitsrechnung"）。这被世人称为"林德伯格条件"。因这一证明与法国数学家保罗·皮埃尔·莱维（Paul Pierre Lévy）的方法不仅相似，而且完成时间相近。因此，后人将其称为"林德伯格-莱维中心极限定理"。该定理假设 $\{X_n\}$ 为独立同分布的随机变量序列，且数学期望 μ 和方差 σ^2 均存在，则对任意 X 有：

$$\lim_{n\to\infty} P\left\{\frac{\sum X_I - n\mu}{\sqrt{n}\sigma} \leqslant x\right\} = \Phi(x) = \frac{1}{\sqrt{2\pi}}\int_{-\infty}^{x} e^{-\frac{t^2}{2}}dt$$

由此得到当 n 充分大时，$\sum X_i \sim N(n\mu, n\sigma^2)$。

1925 年，林德伯格在哥本哈根的斯堪的纳维亚会议上发表论文《关于相关性问题》（"Uber die Korrelation"），对皮尔逊相关系数提出反对，认为它"没有回答任何科学问题"。相反，他支持弗雷德里克·埃舍尔（Fredrick Esscher）提出的一种名为

"相关度百分比"的关联统计数据（即被后人所熟知的 Kendall's tau coefficient）。林德伯格强调，统计数据对简单的问题要给出简单的答案，让外行人凭直觉就能理解。为了让更多其他领域的学者能更好地利用数学知识来进行研究，1927 年，林德伯格受几位学科协会代表的邀请，撰写了《概率微积分与统计应用》(*Todennakoisyyslasku*) 一书。该著作是围绕概率与统计，主要面向没有微积分知识基础的其他领域研究者，为其提供学习概率与统计机会的初级教科书。

此外，林德伯格对统计推断也有不同于他人的看法。当时，英国学派的主要目标之一是推导与正态分布相关的样本统计的精确分布（如 χ^2 分布、t 分布和 F 分布），而林德伯格坚持经典的"大样本"技术。他认为，如果有足够的样本保证正态性，统计推断都可以基于正态分布进行。林德伯格还受邀担任生物学、医学、语言学等多个领域的顾问，其对林业方面的贡献尤其突出。他将抽样法用于林业，采用横断面设计的方法，统计每公顷面积下木材的数量，用平均值来估算更大面积的木材的数量。其成果《关于线性分类结果的平均误差的计算》("Über die Berechnung des Mittelfehlers des Resultates einer linientaxerting")（1924）和《论行税的理论》("Zur theory der linientaxerung")（1926）发表在《芬尼亚森林法》(*Acta Forestalia Fennica*) 杂志上。

二、案例分析

本案例通过介绍贾尔·瓦尔德马尔·林德伯格的成长经历和学术经历，以及其对数学领域（尤其是概率与统计学的发展）做出的贡献，既展示了林德伯格这一位独立且具有批判性的伟大数学家的科学形象，又阐明了在科研工作中保持独立思考、精益求精等品质的重要性。以此案例鼓励学生培养独立思考的能力，养成对待学习和科研精益求精的态度,培养学生在学习的过程中注重实践、勇于突破的良好品质。

参考文献

[1] ELFVING G. Statisticians of the centuries [M]. New York: Springer, 2001.

[2] ESSCHER F. On a method of determining correlation from the ranks of the variates [J]. Scandinavian actuarial journal, 1924, 1924 (1): 201-219.

[3] NIKITIN Y Y, STEPANOVA N A. A generalization of Kendall's tau and the asymptotic efficiency of the corresponding independence test [J]. Journal of mathematical sciences, 2000, 99 (2): 1154-1160.

[4] PUGACHEV V S. Theory of random functions: and its application to control problems [M]. Amsterdam: Pergamon, 2013.

(蔡宇琪　付甜甜　李菁华)

第十二节　威廉·希利·戈塞——Student's t 分布、Student's t 检验

一、案例内容

威廉·希利·戈塞(William Sealy Gosset,1876—1937),毕业于曼彻斯特学院和牛津大学,英国统计学家、化学家和酿酒师。戈塞开创了小样本实验设计与不确定性理论的统计研究,并提出了以笔名"Student"命名的 Student's t 分布。Student's t 检

验和统计显著性检验方法,为研究小样本分布理论奠定了基础,是统计推断发展史上的伟大里程碑。

自19世纪末,爱尔兰的吉尼斯酒厂(该酒厂是吉尼斯世界纪录的冠名商)为了利用数学研究来指导和改进啤酒的生产过程,每年都在英国各类顶尖院校中招收毕业生。戈塞于1899年加入吉尼斯酒厂,基于其化学和数学等领域的学术背景,他的首要工作就是更准确地估计发酵体系中的酵母菌含量。戈塞发现样本中的活酵母细胞数服从泊松分布,并基于泊松分布设计了规则和测量方法,更准确地估计了培养瓶中酵母菌的含量、控制了添加到发酵体系中的酵母菌数量,进而令啤酒的生产质量更加稳定。1904年,戈塞将此成果写入其第一篇论文《误差法则在酿酒过程中的应用》("The Application of the 'Law of Error' to the Work of the Brevery")。随后,戈塞于1905年撰写了《皮尔逊性相关系数》("The Pearson Co-efficient of Correlation")报告。

1906—1907年,在皮尔逊的鼓励下,戈塞来到伦敦大学生物统计研究所进修。他发现,酿酒使用的每批麦子品质差异很大,且同批次麦子中可供抽样检测的数量很少,导致不同批次下的小样本实验结果差异较大。小样本理论,就在这样的应用背景中产生了。根据小样本中的统计量来推断总体参数是否可靠?抽样误差又如何衡量?为处理这些棘手的问题,戈塞收集了足够多英国犯人的身体特征数据(比如身高)作为总体,计算该特征数据的平均值作为总体平均值。他每次从总体中随机抽取一个样本数为4的样本以模拟实际的小样本抽样,并计算出小样本的平均值、标准误和两者的比值即 t 值。通过上千次的重复抽样过程,戈塞证明了小样本的 t 分布并不服从标准正态分布。通过进一步分析这些重复抽样材料,戈塞给出了 t 值的理论分布,即 t 分布。由于吉尼斯酿酒厂规定禁止发表酿酒相关研究成果,戈塞便以"Student"这一笔名在期刊 *Biometrika* 发表论文。其中,其在1908年发表的著作《论平均值的概率误差》("The Probable Error of a Mean"),首次较为详细且系统地阐述了 t 分布和 t 检验等具有跨时代意义的统计学的研究。若 $X \sim N(\mu,\sigma^2)$,且进行样本量为 n 的随机抽样,则单样本 t 统计量为:

$$t = \frac{\overline{X} - \mu}{S/\sqrt{n}} \sim t(n-1)$$

其中,$\overline{X}$ 为样本均数,μ 为总体均数,S 为样本标准差,n 为样本数目,$t(n-1)$ 表示自由度 $v=n-1$ 时的 t 分布。

当时,皮尔逊并未认识到小样本估计的重要性。戈塞的论文发表之后,统计学界反响平平。直到后来,另一位著名的统计学家罗纳德·艾尔默·费希尔(Ronald Aylmer Fisher)提出了戈塞的 t 检验的实际意义及给出了数学证明,这一重要的统计学工具才开始被人重视。随后,戈塞在费希尔的帮助下,计算并发表了用于 t 检验的"Student's t 分布表"。自此,t 检验正式被称作"Student's t 检验"。戈塞的这一系列研究成果,为研究小样本理论打下了基石,也为之后样本资料的统计分析开辟了一条崭新的研究道路。统计学开始由大样本向小样本、由描述向推断进一步发展。因此,戈塞被推崇为推断统计学(尤其是小样本理论研究)的先驱。

二、案例分析

本案例通过阐述著名的英国统计学家威廉·希利·戈塞的生平事迹,展现了 Student's t 检验和 Student's t 分布的发展史,以及相关统计理论应用于实践的例子。勤于观察、勤于思考,总会发现源于生活的科学问题。为了解决科学问题,统计学方法的应用与创新必不可少。独立思考与探索、与他人交流合作,是创新的必经之路。如何巧妙地应用统计学去解决实际问题、改善人们的工作和生活,也是学习卫生统计学的价值之一。

通过这个典型案例,学生们能够了解参数推断在处理各种实际决策问题中的具体技术应用及其价值,从注重知识学习转变为注重能力培养,从而提高发现问题和分析解决问题的基本能力。

参考文献

[1] MANE A B. From a brewer to the faraday of statistics: william Sealy Gosset. [J]. Muller journal of medical sciences and research, 2016, 7 (2): 147 – 149.

[2] STUDENT. On the error of counting with a haemacytometer [J]. Biometrika, 1907, 5 (3): 351 – 60.

[3] STUDENT. The probable error of a mean [J]. Biometrika, 1908, 6 (1): 1 – 25.

(王馨苒　刘梦婷　李菁华)

第十三节　保罗·皮埃尔·莱维——中心极限定理

一、案例内容

保罗·皮埃尔·莱维(Paul Pierre Lévy, 1886—1971), 20世纪法国著名数学家。他出生于巴黎的一个数学世家,祖父爱德华·莱维(Édouard Lévy, 1822—1900)是大学数学教授,父亲卢西恩·莱维(Lucien Lévy)担任过数学教授和大学考官。莱维不仅延续和发扬了家族的数学成就,而且将数学的爱好和基因传承给了女儿玛丽·莱维——家族中另一位著名的数学家。莱维一生致力于对函数分析、概率论及偏微分方程的研究,取得了很多突破性成就，获得了许多至高荣誉（如法国科学院院士、伦敦数学协会荣誉会员等）。其中最值得注意的，是其在概率论和布朗运动方面的开创性工作。他提出的很多数学概念、数学理论，为后来人们理解物理学和经济学方式的巨大变化奠定了基础。

莱维于1904年考入巴黎综合理工学院。在校学习期间，他坚持独立思考。本科第二年，在雅克·哈达玛德教授（Jacques Hadamard）的指导下，他发表了第一篇关于半收敛技术研究的论文。之后，他在巴黎国立高等矿业学院顺利完成硕士学业。博士期间，他继续进行泛函分析的相关研究，并于1912年获得博士学位。次年，莱维入职巴黎国立高等矿业学院。1914年，第一次世界大战爆发，他服役于法国炮兵部队。在战争期间，他坚持数学分析工作，运用数学技能解决了防御空中攻击的问题。战争结束后的1920年，莱维被评为巴黎综合理工学院的分析学教授。

在医学统计学领域，莱维最具深远影响的成就，当属中心极限定理的证明。中心极限定理这一概念，起源于法国数学家亚伯拉罕·棣莫佛（Abraham De Moivre）。然而，直到20世纪30年代初，中心极限定理仍然未能得到准确的数学推理证明。1934年，莱维通过特征函数及卷积技术，证明了更通用的中心极限定理，由此解决了概率论领域的一大重要研究问题。这一证明工作，与芬兰数学家亚尔·瓦尔德马·林德伯格（Jarl Waldemar Lindeberg）几乎同时完成，因此该定理也被称为林德伯格－莱维中心极限定理。

此外，作为概率论发展历程中的关键人物之一，莱维的贡献体现在很多方面。虽然早在17世纪中期，就有学者提出了概率论的相关概念，但直至20世纪初，数学的主流仍然是抽象的纯粹数学，即着重于数学概念的逻辑结构探索。1933年，苏联数学家安德列·尼古拉耶维奇·柯尔莫哥洛夫（Andrey Nikolaevich Kolmogorov）通过公理化表述了概率问题，才使得概率论逐渐成为数学的分支之一。同时期的莱维，也总结了许多具有独创性的概率论数学概念，这为概率论和数理统计学科的发展奠定了重要基石。1925 年，莱维出版了关于概率论研究的第一部论著《概率计算》（Calculs des Probabilités）。这部专著极具开创性，总结了莱维关于具有独立、固定增量随机过程的研究内容。这一研究内容可概括表述为：点的运动及其连续位移均是随机的，两个不相交的时间间隔中的位移是独立的，并且在相同长度的不同时间间隔内的位移具有相同的概率分布。这一随机过程，后来被命名为"莱维过程"（Lévy process）。其相关理论，也被广泛地应用于金融、管理领域研究。

  1937 年，莱维出版著作《随机变量的可加理论》（Théorie de l'addition des variables aléatoires）。在"莱维过程"的基础上，他提出了著名的"莱维飞行"（Lévy flight）定理，这是对运动的一种统计描述。1948 年，莱维出版了另一部代表性著作《随机过程和布朗运动》（Processus Stochastiques et Mouvement Brownien）。"莱维飞行"定理和布朗运动均属于随机游走过程，但布朗运动单位时间内的位移服从高斯分布，而"莱维飞行"的每个步长距离则符合幂函数特征，步长性质的不同直接导致了"莱维飞行"比布朗运动更有效率。在走了相同步长的情况下，"莱维飞行"的位移比布朗运动大得多，因此也就能探索更大的空间。"莱维飞行"具体可由下述累积分布函数定义：

$$CDF(t) = \begin{cases} 0 & t < t_0 \\ 1 - \left(\dfrac{t}{t_0}\right)^{-\alpha} & t \geq t_0 \end{cases}$$

其中，t 为时间步长大小，t_0 为最小时间步长，α 则定义了幂律的斜率。

如今,"莱维飞行"定理已被学者广泛应用于物理、化学、生物、统计和金融等多个领域。21世纪以来,"莱维飞行"定理的应用也被逐渐拓展至传染病相关研究领域。例如,布罗克曼(Brockmann)等人通过分析美国的纸币流通情况,发现个体的旅行距离也呈现幂律形式的衰减规律,符合无尺度随机漫步特征,即"莱维飞行"定理。布罗克曼团队采用数学模型的方式,进一步描述了符合人类旅行轨迹的扩散过程,在地理空间层面实现了对传染病动态传播扩散的模拟和评估。

二、案例分析

本案例通过描述保罗·皮埃尔·莱维的成长经历及其对数学学科的重要分支——概率论发展所做的贡献,阐述伟大的数学家对学科进步产生的深远影响,阐明坚持独立思考、勇于直面难题是科研工作者最重要的品质之一。莱维的研究,不仅延伸了数学理论的发展道路,使之成为概率论学科的基石,也为推动其他学科的发展提供了理论基础。即使面对世界大战的恶劣环境,莱维仍然没有放弃数学研究,在艰难条件下做出了很多创新性贡献,将知识用于实际生活,解决了很多问题。莱维在研究中,不局限于已有公理和思维,而是勇于开创新的方法,不断探索新的研究领域和分支。当时的主流理论不将概率论视为数学科学,经由莱维的努力,概率论成为数学领域的重要分支之一。以此案例,鼓励学生保持好奇心、养成独立思考的习惯,培养坚持探索、学以致用的良好品质。

参考文献

[1] 胡根华,朱福敏. 碳价格波动率模型构建与预测:基于无穷活动率Levy过程[J]. 数理统计与管理,2018,37(5):

892-903.

［2］李焰华，刘升，赵齐辉. 基于莱维飞行的乌鸦搜索算法［J］. 智能计算机与应用，2018，8（3）：6.

［3］七君. 苍蝇为啥难打？因为走位中运用了高等数学［N］. 科技日报，2020-09-02（5）.

［4］孙启娟. 基于莱维飞行的社区检测算法研究［D］. 兰州：兰州大学，2018.

［5］王淑红，蒋迅. 莱维飞行的提出者：保罗·皮埃尔·莱维［J］. 科学，2019，71（5）：50-54.

［6］BROCKMANN D, HUFNAGEL L, GEISEL T. The scaling laws of human travel［J］. Nature, 2006（439）：462-465.

［7］DOOB J L. Obituary：Paul Lévy［J］. Journal of applied probability, 1972, 9（4）：870-872.

［8］KAMARUZAMAN A F, ZAIN A M, YUSUF S M, et al. Levy flight algorithm for optimization problems – a literature review［J］. Applied mechanics and materials, 2013（421）：496-501.

［9］KENDALL D. Paul Lévy［J］. Journal of the royal statistical society：series A, 1974, 137（2）：259-260.

［10］LOÈVE M. Paul Lévy, 1886-1971［J］. The annals of probability, 1973, 1（1）：1-18.

［11］MARC B, BERNARD L, LAURENT M. Sources and studies in the history of mathematics and physical sciences：Paul Lévy and Maurice Fréchet 50 years of correspondence in 107 letters［M］. New York：Springer, 2014.

［12］O'CONNOR J J, ROBERTSON E F. Paul Lévy［EB/OL］.（2020-09-01）［2022-11-21］. http://www-history.mcs.st-andrews.ac.uk/Biographies/Levy_Paul.html.

［13］PAUL Lévy. LÉVY：calcul des probabilités［M］. Paris：

Gauthier – Villars, 1925.

（尤心怡　李菁华）

第十四节　罗纳德·艾尔默·费希尔——P值理论、F分布、F检验、实验研究设计

一、案例内容

罗纳德·艾尔默·费希尔（Ronald Aylmer Fisher, 1890—1962），英国著名统计学家、生物进化学家、数学家、遗传学家，现代统计科学的奠基人之一。费希尔对现代统计科学做出的重要贡献，包括P值相关理论、方差分析的F检验和F分布、实验研究设计等。

费希尔在中学时期就展现出对数学和生物学的浓厚兴趣，他于1909年获得前往剑桥大学就读的奖学金，在剑桥大学学习数学和物理，并主修农业。他在1912年通过了剑桥大学数学学位考试，并于1913年从剑桥大学数学系毕业。毕业后的几年，费希尔曾到加拿大务农，曾工作于投资公司，也曾当过私立学校的老师。1919年，费希尔任职于英国某农业实验场，从事统计员工作，并设立统计实验室。之后，他对多年来收集的大量资料进行深入研究，经过多年的努力，陆续发表了在农业实验中控制误差的相关论文，并首次提出方差分析、随机区组、分解和测定实验误差的方法等。

费希尔作为假设检验理论的创立者，在假设检验中首先提出P值的概念。做统计推断时首先要提出一个"零假设"，比如两组之间没有差异。然后设定一个检验水准，费希尔将这个水准设

为 0.05，即小概率事件发生的概率为 0.05。当原假设为真时，得到当前样本结果或更极端结果出现的概率即为 P 值。他认为假设检验是数据分析的一种形式，是人们在研究中加入的主观信息。在费希尔的理论中，P 值计算和统计推断的过程中只涉及"零假设"，他的分析逻辑是"从特殊到一般，从个体到整体"的推理方法，而且认为 P 值是可以互相比较的，P 值越小证据越充分。后人将费希尔的理论与两位统计学家耶日·内曼（Jerzy Neyman）和卡尔·皮尔逊（Carl Pearson）对于假设检验的理论结合，形成了现在常用的假设检验和统计推断的理论体系。1924 年，费希尔提出了统计学中的重要分析方法——方差分析、F 检验和 F 分布。在两组间比较的单因素方差分析中，组间均方 $MS_{组间}$ 等于组间的离均差平方和 $SS_{组间}$ 除以组间的自由度 $\nu_{组间}$，同理可得出组内均方 $MS_{组内}$。将组间均方除以组内均方即得方差分析的统计量 F：

$$F = \frac{MS_{组间}}{MS_{组内}}$$

F 分布在方差分析、方差齐性检验、回归方程的显著性检验中都有着重要的地位，与 t 分布、卡方分布被称为统计学三大抽样分布，是现代数理统计学的基石。

在实验研究设计方面，费希尔在 1925 年出版了他的第一本书《研究者的统计方法》（*Statistical Methods for Research Workers*），后又在 1935 年完成并出版了在科学实验理论和方法上极其重要的书籍《实验设计》（*The Design of Experiments*），后者被认为开创了科学发展的新时代。这两本书出版前，人们对于科学实验方法设计的讨论非常少，实验过程中受随机因素影响较大，使得结果容易存在较大的偶然性。《研究者的统计方法》和《实验设计》这两本书为实验设计法奠定了基础，在全球许多地区多次被翻译出版，影响力非常大。

费希尔提出了许多现代统计学中的重要基本概念，推进了数理统计学的发展，对数理统计学的贡献涉及假设检验、方差分析和实验设计等重要领域，论证了方差分析的原理和方法，并将其应用于实验设计，指出自由度检查卡尔·皮尔逊制订的统计表的显著性。费希尔不但是一些有着重要理论和应用价值的统计学方法的开创者，同时凭借着他对于生物学和遗传学的兴趣，还在遗传学方面做出了重要贡献，对达尔文进化论做了基础澄清的工作，他的研究成果在多个领域影响深远。

二、案例分析

本案例讲述了罗纳德·艾尔默·费希尔在统计学中假设检验理论、方差分析和实验研究设计方面的重要贡献。费希尔取得重要成果源于他的勤奋以及工作中的不断思考和积累，可以向学生强调勤于思考、善于积累的重要性。费希尔在取得剑桥大学学位后从事过多份工作，最终凭借着自己对统计学的兴趣、积累和勤奋，在统计学方面取得了重要成果。此外，费希尔在生物学、遗传学等方面也有出色的成果，这同样离不开他对生物学和遗传学的浓厚兴趣。兴趣和勤奋是成功的道路上不可缺少的两大力量，在日常学习与生活中，青年学子也要保持对于问题的兴趣与好奇，同时保持勤奋、善于思考、苦心钻研，遇到困难不要轻易放弃。

参考文献

[1] 方积乾. 生物医学研究的统计方法 [M]. 北京：高等教育出版社，2007.

（郭鹏玥　李菁华）

第十五节　耶日·内曼——置信区间和假设检验

一、案例内容

耶日·内曼（Jerzy Neyman，1894—1981），美国著名统计学家、数学家，对统计学的发展有着非凡的贡献。

1894 年，内曼出生于俄国宾杰里的一个天主教家庭中，父母均从事律师职业，内曼的家庭成员均认为自己是波兰人，但在当时的政治局势中，波兰的处境非常被动。内曼的一生经历了许多坎坷，在父亲因病去世后，他随母亲搬到哈尔科夫，依靠亲戚的帮助生活。1912—1917 年间，内曼在哈尔科夫大学学习，并在 1915 年撰写了关于勒贝格整合的论文，获得了俄国为表彰学生的优秀论文而颁发的金质奖章（Gold Medal）。1921 年，内曼前往波兰深造，师从谢尔品斯基（Sierpimski）等数学家，并于 1924 年在华沙大学获得博士学位。1926 年，内曼远赴法国进修，在进修期间，保罗·皮埃尔·莱维（Paul Pierre Lévy）、亨利·勒贝格（Henri Léon Lebesgue）、埃米尔·博雷尔（Émile Borel）的讲课对他产生了很大的影响。

1934 年，内曼提出分层抽样方法（内曼分配），这是一种常用的非比例分层抽样方法。与比例分配方法相比，内曼分配不仅考虑了分层后各层的样本数量，而且考虑了各层方差的大小。因为该项工作，内曼被誉为现代科学抽样理论的开创者。1926—1938 年间，内曼与爱根·皮尔逊（Egon Sharpe Pearson）共同提出了一个新的假设检验理论。与之前罗纳德·艾尔默·费希尔（Ronald Aylmer Fisher）提出的假设检验理论（只存在一个原假设）相比，内曼-皮尔逊假设检验理论包括两个假设（原假设和备择假设）。同时，在利用内曼-皮尔逊假设检验理论时，研究者要根据数据选择成立概率（可能性）更高的一个假设。现代假设检验理论是费希尔假设检验理论与内曼-皮尔逊假设检验理论融合形成的。因此，内曼、皮尔逊及费希尔共同被称为现代假设检验理论的奠基人。

置信区间，是内曼对统计学做出的另外一大贡献。1934年，内曼在英国皇家统计学会的一次会议上发表了题为《论代表性的两个方面》("On the Two Different Aspects of the Representative Method: the Method of Stratified Sampling and the Method of Purposive Selection")的演讲。在演讲中，他提出了"置信区间"的概念，即用一个区间范围估计总体参数，从而来改进使用样本统计量来估计总体参数的点估计方法。但置信区间受到当时很多人的质疑。皇家统计会主席鲍利在大会致辞："我不太有把握地说，这里的'置信'是不是一个'置信诡计'。"鲍利对置信区间的置信度的含义表示疑惑。众所周知，总体参数是一个固定值，给出一个确定值或者取值范围后，参数是否为这个确定值或是否在这个取值范围内的概率只有两个结果——0%或100%。而内曼提出的95%的置信度是指什么？对于这个疑惑，内曼给出的解释为，置信区间的95%概率，不应该从一个结论的角度去看待，而应该将其类比于我们日常生活中的频数问题，从一个过程的角度去看待。内曼认为，如果对一个参数计算足够多次数的置信区间，那么在所有计算的置信区间中，会有95%的置信区间包含总体参数。

置信区间的理论，还受到著名学者费希尔的批判。费希尔曾尝试从一个更复杂的角度解释参数区间估计过程中的不确定性，有点类似于费希尔之前提出的似然函数，并将这个函数命名为"信念分布"。然而，用函数方式研究参数区间估计过程中不确定性的公式，并不符合概率分布的要求，并且，信念分布在面对较为复杂的参数时，就失去了原本的作用。但是，费希尔认为，内曼的置信区间概念是其信念分布的一种延伸或推广。因此，费希尔认为，内曼的置信区间在碰到足够复杂的参数时，同样会失去其作用。但随着时间的推移，实际应用证明了内曼提出的置信区间方法的合理性，该方法也在统计分析中被逐渐接受并广泛应用。

二、案例分析

本案例生动展示了耶日·内曼这位伟大的统计学家的成长历程、学术经历及他对统计学领域的卓越贡献。在那个动荡不安的时代，耶日·内曼坚守着对知识的不懈追求和对研究事业的执着。同时，他始终秉持着学术道德和科学原则，面对来自学术权威的质疑，他依然坚守独立思考的信念。他的经历向人们阐明了成为卓越学者并推动学科发展的重要原则和价值观。

参考文献

[1] EFRON B. Jerzy Neyman [J]. Science, 1983, 220 (4599): 827-828.

[2] O'CONNOR J J, ROBERTSON E F. Jerzy Neyman [EB/OL]. (2003-10-01) [2023-03-23]. https://mathshistory.st-andrews.ac.uk/Biographies/Neyman/.

[3] WRIGHT D B. Ten statisticians and their impacts for psychologists [J]. Perspectives on psychological science, 2009, 4 (6): 587-597.

（孔令钰　顾　菁）

第十六节　弗兰克·威尔科克森——非参数检验

一、案例内容

弗兰克·威尔科克森（Frank Wilcoxon，1892—1965），美国著名统计学家和化学家。威尔科克森在其整个学术生涯中，共发表70余篇学术论文，为非参数方法的发展奠定了坚实基础。

威尔科克森在青年时期进入宾夕法尼亚军事学院学习，并于1917年获得理学学士学位，毕业后威尔科克森在密歇根霍顿的阿特拉斯电力公司工作。在第一次世界大战后，他进入拉特格斯大学继续深造学习，并于1921年在化学研究领域获得理学硕士学位，于1924年获得物理化学博士学位。次年，威尔科克森进入博伊斯·汤普森植物研究所从事农作物保护的研究工作。在退休后，他并没有停下步伐，继续在佛罗里达州立大学的统计系担任讲师。

在博伊斯·汤普森植物研究所工作期间，由于对温室研究中的重复实验很感兴趣，威尔科克森与他的同事——生物学家弗兰克·厄尔·丹尼（Frank Earl Denny）、化学工程师威廉·约翰·尤登（William John Youden）和昆虫学家切斯特·伊特纳·布利（Chester Ittner Bliss），组织成立了一个学习小组，对罗纳德·艾尔默·费希尔（Ronald Aylmer Fisher）出版的统计学理论书籍《研究者的统计方法》（*Statistical Methods for Research Workers*）第一版进行了深入的学习与讨论。经过不懈的钻研，威尔科克森不仅掌握了大量的统计学方法，还从中受到了很大启发。从此以后，威尔科克森对统计学的兴趣愈发高涨，积极钻研所从事领域中相关的统计学问题,并于 1945 年发表了第一篇学术论文《植物病理学中统计学的一些应用》("Some Uses of Statistics in Plant Pathology")。

1945 年,威尔科克森在对两组连续变量进行组间比较时发现,尽管两组的差异很明显,但是用传统的 t 检验和方差分析却得不到有统计学差异的结论。由此,威尔科克森对计算公式进行观察与思考,发现正是数据中存在的极端异常值导致了 t 检验和方差分析的统计量数值偏小,从而大大降低了这两种方法的检验效能。针对此不足,他提出了一种通过将两组的值排秩次,比较两组的秩次总和来判断两组是否存在统计学差异的非参数方法,即 Wilcoxon 秩和检验。在发表的论文中,威尔科克森将其所提出的统计量命名为"Wilcoxon 秩和统计量"与"Wilcoxon 符号秩和统计量"。这两个统计量的提出,极大地推动了非参数方法的发展,成为日后经典的非参数方法之一。

二、案例分析

回顾威尔科克森的学术生涯,他最初对于统计学的兴趣,源于他在博伊斯·汤普森植物研究所从事的农作物保护研究工作。他不仅全身心投入这份工作,还坚持不懈地深入研究统计学理论知识,尽管这需要他在辛勤工作之余付出更多的努力。当他发现传统方法在实际应用中存在不足时,他没有盲目依赖传统方法,而是选择客观分析这些不足之处,并积极思考和寻找解决之道。

青年学子应该从威尔科克森的积极思考和勇于开拓创新的精神中获得启发,树立终身学习的理念,养成善于学习和勤于思考的习惯,以实现学以养德、学以增智、学以致用的目标。

参考文献

[1] BRADLEY R A. Obituary：Frank Wilcoxon [J]. Biometrics，1966，22（1）：192-194.

[2] BROOKES E B. Tales of statisticians：Frank Wilcoxon [EB/OL].（2004-09-04）[2022-12-31]. https://wsproject.org/archive/math/tales/wilcoxon.html.

[3] JOHNSON N L, KOTZ S. Leading personalities in statistical sciences：from the seventeenth century to the present [M]. New Jersey：John Wiley & Sons，Inc.，1997.

（杨梓莹　顾　菁）

第十七节　伦纳德·吉米·萨维奇——贝叶斯统计

一、案例内容

伦纳德·吉米·萨维奇（Leonard Jimmie Savage，1917—1971），美国数学家、统计学家，致力于研究概率与统计推断的关系。

萨维奇出生于美国底特律。由于先天视力缺陷，他幼年并没有接受正规的教育，求学过程十分艰难。但他天资聪颖，尤其表现出很高的数学天赋，在17岁时便进入密歇根大学，在21岁时获得理学学士学位，24岁时获得哲学博士学位。1947年，他以助理研究员的身份加入哥伦比亚大学战时统计研究小组，研究适用于战时问题的统计方法。在此期间，他对统计问题产生了浓厚兴趣，从此投身于统计学研究，并首次将统计学应用于生物学方面的分析工作。1949年，萨维奇任职于芝加哥大学，并成为芝加哥大学统计系的创始人之一。1956—1960年，他担任该校统计系主席。1960年，他回到母校密歇根大学担任教授。1964年，萨维奇进入耶鲁大学，并成为尤金·希金斯统计学教授。

萨维奇的重要著作《统计学基础》（*The Foundations of Statistics*）于1954年出版。在这部论著中，萨维奇阐述了关于贝叶斯统计的观点，尤其解释了个人概率（personal probability）理论。萨维奇认为，一切概率都反映个人经验，每个人都有自己特定的概率。同时，他用公理推导出个人概率的存在性。这一理论，构成了贝叶斯统计的基础之一。这本著作也在学术界引起了巨大反响，它成功转变了许多研究者的态度，并使得更多的研究者开始尊重个人概率方法对于统计学的作用，成功地帮助贝叶斯学派复兴。

然而，贝叶斯方法与费希尔和内曼当时的观点背道而驰，费希尔经常对萨维奇的观点进行批判。萨维奇与丹尼尔·埃尔斯伯格（Daniel Ellsberg）关于个人主观概率的争论，也导致他们之间矛盾的产生。此后，萨维奇一直在捍卫其个人概率观点的道路上，不断加深对个人概率的研究。随后，他又陆续发表了《个人概率的难点》（"Difficulties in the Theory of Personal Probability"）、《个人概率用于归纳推理的含义》（"Implications of Personal Probability for Induction"），以及《来自个人概率和期望的启发》（"Elicitation of Personal Probabilities and Expectations"）等文章。在这期间，萨维奇也在不断推广贝叶斯方法。1963年，他将贝叶斯推断用于心理学的研究，发表了文章《心理学研究中的贝叶斯统计推断》（"Bayesian Statistical Inference for Psychological Research"）。

鉴于萨维奇在统计学上的成就与贡献，国际贝叶斯分析学会在1977年设立以他的名字命名的萨维奇奖，授予每年分别在贝叶斯计量经济学领域和统计学领域中获得最佳博士论文的两位作者。

二、案例分析

虽然萨维奇关于个人概率的观点,遭到业内许多人士的反对,但他并没有选择盲从,而是一直坚持深入研究,用科学的事实来证明自己。习近平总书记指出:"走自己的路,是党的全部理论和实践立足点,更是党百年奋斗得出的历史结论。"[①] 在长期实践探索中,我们党团结带领全国各族人民坚持独立自主走自己的路,开辟伟大道路、创造伟大事业、取得伟大成就,中华民族实现了从站起来、富起来到强起来的伟大飞跃,从根本上改变了中国人民和中华民族的前途命运。

青年学子也应该以高昂的斗志、饱满的热情,始终保持坚定的信心迎接学习的挑战,走自己的路,既不妄自菲薄,也不孤芳自赏,更不夜郎自大、得意忘形,而是凭借自己的智慧、勇气和毅力,去开拓进取、砥砺前行。

参考文献

[1] 何佳薇. 贝叶斯统计理论的形成及发展 [D]. 太原:山西师范大学,2015.

[2] 唐晓彬,沈童. 说说贝叶斯统计的发展史 [J]. 中国统计,2021 (8):35 – 37.

[3] BARNARD G A. The writings of Leonard Jimmie Savage – amemorial selection [J]. Journal of the royal statistical society series a:statistics in society,1982,145 (3):367.

---

① 习近平:《在庆祝中国共产党成立 100 周年大会上的讲话(2021 年 7 月 1 日)》,见中国政府网(https://www.gov.cn/xinwen/2021 – 07/01/content_5621847.htm?jump = false)。

［4］LINDLEY D V. L. J. Savage – his work in probability and statistics［J］. The annals of statistics, 1980, 8（1）：1 – 24.

［5］O'CONNOR J J, ROBERTSON E F. Leonard Jimmie Savage［EB/OL］.（2010 – 11 – 01）［2022 – 12 – 31］. https://mathshistory. st – andrews. ac. uk/Biographies/Savage/.

［6］SAVAGE L J. On rereading R. A. Fisher［J］. The annals of statistics, 1976, 4（3）：441 – 500.

［7］ZAPPIA C. Leonard Savage, the Ellsberg paradox, and the debate on subjective probabilities：evidence from the archives［J］. Journal of the history of economic thought, 2021, 43（2）：169 – 192.

（时新富　黄思月　赖颖斯）

第十八节　戴维·罗斯贝·科克斯——Cox 回归

一、案例内容

戴维·罗斯贝·科克斯爵士（Sir David Roxbee Cox, 1924—2022），英国统计学家，英国皇家学会院士暨英国社会科学院院士，美国科学院、丹麦皇家科学院外籍院士，曾任国际统计协会、伯努利数理统计与概率学会、英国皇家统计学会主席。

科克斯于 1924 年出生于英国伯明翰，高中就读于 Handsworth 文法学校，后在剑桥大学圣约翰学院学习数学。科克斯谈及在剑桥大学的学生时代时，经常提起哈罗德·杰弗里斯（Harold Jeffreys）和约瑟夫·奥斯卡·欧文（Joseph Oscar Irwin），正是受到了这两位贝叶斯领域代表人物的影响，他开始对统计学产生浓厚的兴趣。1944年,他被派往英国政府皇家飞机研究所工作。第二次世界大战后,他进入英国羊毛工业研究协会工作。1949年,在亨利·丹尼尔斯(Henry Daniels)和伯纳德·韦尔奇(Bernard Welch)的指导下,科克斯于利兹大学获得博士学位。博士毕业后,他进入剑桥大学统计实验室担任助理讲师。五年后,他进入伦敦大学伯贝克学院担任统计学副教授。之后,他进入伦敦帝国理工学院工作。在结束伦敦帝国理工学院的工作后,科克斯在1988年接受牛津大学统计系的职位并担任纳菲尔德学院的院长,于1994年正式退休。

科克斯在实验设计、生存分析、随机过程等统计理论和应用方面做出了许多先驱性的贡献。他撰写或合作撰写学术论文300余篇,出版著作15本,包括《实验设计理论》(The Theory of the Design of Experiments)、《统计推断原理》(Principles of Statistical Inference)、《二分类变量的分析》(Analysis of Binary Data)、《随机过程理论》(The Theory of Stochastic Processes)等。科克斯最著名的统计创新,是Cox比例风险模型。该模型已经成为生存分析的核心模型。他于1972年发表的论文"Regression Models and Life-Tables",到2022年时,已被引用超过50000次。Cox比例风险模型的方程如下:

$$h(t,x) = h_0(t)\exp(\beta_1 x_1 + \beta_2 x_2 + \cdots + \beta_p x_p)$$

其中,$h(t,x)$是t时刻存活的个体在该时刻的瞬时死亡风险,描述了某个体的瞬时死亡风险随时间变化的情况。模型右侧可以分为两个部分:$h_0(t)$为基准风险率,即协变量x_1,x_2,…,x_p均为0时的风险率,它的分布没有明确的假定,属于非参数部分;另一部分具有参数模型的形式,β_1,β_2,…,β_p为各自变量的偏回归系数,需要根据实际数据来估计。所以该模型属于半参数模型。Cox比例风险模型不直接考察生存函数$S(t)$与自变量的关系,而是利用生存函数$S(t)$与风险函数$h(x)$的关系,将风险函数作为因变量,间接反映自变量与生存函数 $S(t)$ 的关系。

Cox 比例风险模型被广泛地应用于医学领域,同时还在地球学、社会学、物理及工程领域产生了深远影响。牛津大学应用统计学、伦敦帝国理工学院统计流行病学教授克里斯特·唐奈里(Christl Donnelly)将 Cox 比例风险模型形容为"一项可以非常优雅地将你想要评估的关键因素与其他使其复杂化的因素区分开来的技术",并且认为这项技术对统计学的影响是深远的。科克斯一生中获得过很多殊荣,在 1961 年和 1973 年分别获得了英国皇家统计学会授予的盖伊奖章和金奖,1985 年成为爵士,2010 年获得英国皇家学会授予的科普利奖章。2017 年,科克斯因"做出改变生活的贡献"和"具有深远的社会影响"而成为首位获得国际统计奖的人。

二、案例分析

科克斯早年在飞机研究所和羊毛工业研究协会工作时,不管是测试飞机机翼的应力弹性,还是研究羊毛的物理特性,他总是能从实际问题出发。这种为实际问题提供有效解决方案的理论与实践相结合的态度值得青年学子学习。正是在这个专注于细节的过程中,他开始坚定地专攻统计,由此告诉青年学子"谋事干事当致广大而尽精微",同时也说明他具有开放的视角与探索新领域的勇气。科克斯在他的整个学术生涯中,常常能找到问题的本质,提出直观、简洁、清晰的模型和方法,这种化繁为简的能力对于做学术研究是非常宝贵的。他的学生、后来的合作伙伴,英国伦敦卫生热带医学院教授露丝·基奥(Ruth Keogh)认为,科克斯是一个"总是被有趣的、切实存在的问题所激励的人"。科克斯用他卓越的贡献、躬耕不辍的科研精神和饱满的学术热情,为后辈提供了前行的方向和动力。

参考文献

[1] 姚婷婷,刘媛媛,李长平,等. 生存资料回归模型分析:生存资料 Cox 比例风险回归模型分析 [J]. 四川精神卫生,2020,33(1):27-32.

[2] KITSOS C P. Sir David Cox:a wise and noble statistician (1924-2022) [J]. European mathematical society magazine,2022(124):27-32.

[3] WATTS G. David Roxbee Cox [J]. The lancet,2022,399(10332):1298.

(唐祎浛 顾 菁)

第十九节 威尔弗雷德·基思·黑斯廷斯——Metropolis-Hastings 算法

一、案例内容

威尔弗雷德·基思·黑斯廷斯(Wilfred Keith Hastings,1930—2016),加拿大著名统计学家,因对 Metropolis-Hastings(M-H)算法的贡献而闻名。

黑斯廷斯1930年出生于加拿大多伦多,并分别于1953年、1958年和1962年获得多伦多大学数学系(当时统计学属于数学系)学士、硕士及博士学位。毕业后,黑斯廷斯曾在新西兰坎特伯雷大学(1962—1964)和美国新泽西州贝尔实验室(1964—1966)工作。1966—1971年,黑斯廷斯回到多伦多大学担任数学系副教授。在这期间，他专注于蒙特卡洛方法的研究，主要是概率分布的随机抽样。直到多伦多大学化学教授约翰·瓦洛（John Valleau）及其同事就他们的工作提出：如果每个粒子有6维坐标，一个仅有100个粒子的系统就会涉及600个维度，那么如何使用Metropolis算法来估计一个确定势场中粒子系统的平均势能？这一问题的最终解答是利用马尔可夫链（Markov Chain），抽取高维分布的随机样本进行估计。这给了黑斯廷斯灵感，他意识到这一方法对于统计学的重要性。此后，他致力于Metropolis算法的研究和推广，并将其应用于统计学。

1970年，黑斯廷斯在 *Biometrika* 上发表了马尔可夫链蒙特卡洛（Markov Chain Monte Carlo，MCMC）方法史上的著名论文《马尔可夫链蒙特卡洛抽样方法及其应用》（"Monte Carlo Sampling Methods Using Markov Chains and Their Applications"），并提出 Metropolis-Hastings（M-H）算法。M-H算法和Metropolis算法均属于MCMC方法，前者是后者的推广，且较后者更为灵活方便。Metropolis算法是在第二次世界大战期间由美国物理学家尼古拉斯·梅特罗波利斯（Nicholas Metropolis）等人提出，用于处理核物理研究中出现的粒子分布高维计算方法。黑斯廷斯将Metropolis算法应用于统计学领域的研究，并发展为M-H算法。

在之前很长一段时间，由于贝叶斯后验分布涉及高维计算，限制了贝叶斯方法的应用。MCMC方法因其可以从复杂的高维概率分布中轻松取样，使得贝叶斯后验分布的计算变得简单。M-H算法作为最常用的MCMC方法，也很快被应用于贝叶斯统计分析。

二、案例分析

目前，MCMC方法已经成为非常流行的贝叶斯计算方法。

MCMC方法起源于物理问题，目前在统计学领域大放异彩。"他山之石，可以攻玉"，这一过程启发青年学子不能只禁锢于单一学科的学习，也需要关注其他领域的发展，积极学习借鉴他人的经验与成果。如今知识生产与学科发展已经进入多学科交叉融合的时代，单一领域研究往往因思维模式固定和研究方法受限而无法全面深入地解决复杂的问题。博采众长，补己之短，可以获得更全面的视角；超越狭隘的学科界限，补足自身短板，更容易在这个多元化、复杂化的知识时代中脱颖而出。

参考文献

［1］刘乐平，高磊，杨娜. MCMC方法的发展与现代贝叶斯的复兴：纪念贝叶斯定理发现250周年［J］. 统计与信息论坛，2014，29（2）：3－11.

［2］刘乐平，彭萍，艾涛. 诺贝尔经济学奖、计量经济学与现代贝叶斯方法［J］. 东华理工学院学报（社会科学版），2004（1）：1－6.

［3］HASTINGS W. Monte Carlo sampling methods using Markov chains and their applications［J］. Biometrika，1970，57（1）：97－109.

［4］MCCALL G. Wilfred Keith Hastings［EB/OL］.［2022－12－07］. https://www.mccallgardens.com/obituaries/wilfred－keith－hastings.

［5］ROSENTHAL J S. W. K. Hastings, statistician and deveioper of the Metropolis-Hastings algorithm［EB/OL］.（2005－03－01）［2022－12－07］. http://probability.ca/hastings/.

（黄思月　赖颖斯）

第二章 统计学实验与课程思政

第一节 正态分布：高尔顿钉板实验

一、案例内容

高尔顿钉板实验是由英国著名生物统计学家弗朗西斯·高尔顿（Francis Galton，1822—1911）所设计的。高尔顿在分析身高数据时发现，人们的身高既不是随机分布也不是均匀分布，而是中等身高的人最多，特别高和特别矮的人较少。在寻找原因的过程中，他设计了高尔顿钉板实验用于模拟随机现象，探究正态分布规律。

钉板分为上下两部分：上半部分由交错排布成金字塔型的钉子组成，下半部分分成许多均匀间隔的矩形槽。钉板前部覆盖有玻璃以便观察，顶部则有一个漏斗，小球可以从漏斗落入钉板，其中小球的直径必须小于钉子之间的距离。将小球放入漏斗中落下，当小球碰到钉子时，它从左边或右边下坠的可能性均为1/2，然后砸在第二行钉子上，重复这一过程数次后落入下半部分矩形槽中。对于任意放入的小球，它将落入哪个矩形槽具有不确定性，但是这并不意味着小球落入各矩形槽的概率相等。高尔顿钉板实验证明，在放入足够多的小球后，小球在钉板底部堆积的形状呈钟形曲线，即小球落入矩形槽的概率分布近似正态分布（如图2-1所示）。

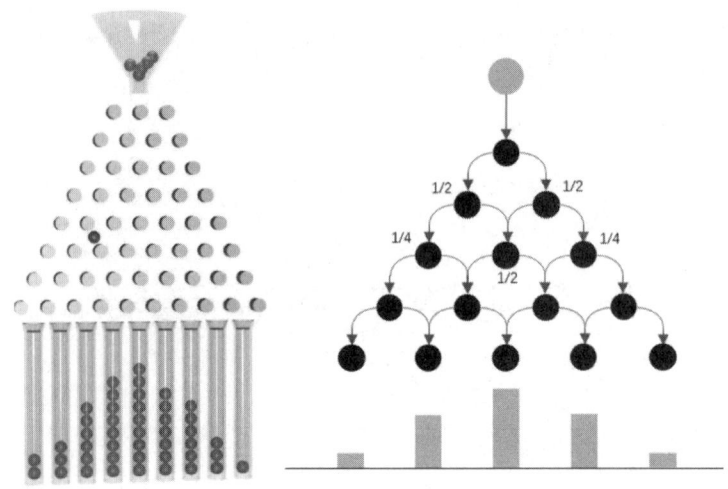

图2-1 高尔顿钉板实验示意图

(资料来源：Xiao Ma. "Almost sharp wave kinetic theory of multidimensional KdV type equations with d≥3", https://doi.org/10.48550/arXiv.2204.06148)

分析其中的原理可以发现，小球与钉子碰撞后向左或向右的概率并不受此前碰撞的影响，恒等于1/2。每个小球与钉子的碰撞均是一次伯努利实验，整个装置便是一个多阶段伯努利链。小球落入由左向右第一个矩形槽的条件是，在下落过程的几次碰撞中，小球必须全部向左落下；落入第二个矩形槽的条件便是几次碰撞中，小球有且仅有一次向右落下。将小球落入特定矩形槽的概率定义为 $P(x)$，x 为小球向右落下的次数，n 为钉子的层数，则：

$$P(x) = C_n^x (1/2)^n$$

因此，每个矩形槽中小球的数量服从二项分布 $B(n, 1/2)$。其中，小球到达每个位置的可能路径的组合数刚好构成了人们熟知的杨辉三角（如图2-2所示）。高尔顿钉板实验和杨辉三角一样，可以向我们演示二项分布的结果。随着钉子层数和下层矩形槽数的增加，我们可以看到小球的堆积形状逼近钟形曲线，由此可以推出，随着n的增大，二项分布趋近于正态分布。将每一个小球都当作对实验的重复，则小球的落点可以看作二项分布的期望，球的累积呈正态分布说明一系列二项分布累加逼近正态分布，即大量随机变量求和之后的平均数以正态分布为极限，从而证明了中心极限定理。

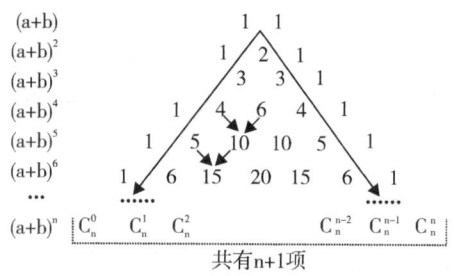

图2-2　杨辉三角示意图

在自然界中，一些现象受到许多相互独立的微小随机因素的影响，但总的影响效应是可以看作符合正态分布的。中心极限定理为人们解决此类问题提供了理论依据，被科学家们广泛地应用于各个领域。

二、案例分析

实践是认识发展的根本动力，是检验认识正确与否的唯一标准，这是马克思主义的实践观。高尔顿钉板实验背后蕴含着伯努利实验、二项分布、正态分布、中心极限定理等统计学知识和原理。通过实验，人们能够将抽象的统计学原理直观化。而每一次随机实验都是一次实践，只有通过无数次的随机实验，才能够深化对随机事件概率的认识,才能够更加接近真理。

参考文献

[1] GALTON F. Natural inheritance [M]. London: Macmillan, 1889.

[2] 沈以淡. 简明数学词典 [M]. 北京：北京理工大学出版社, 2003.

（杨　潇　陈廷龙　李菁华）

第二节　随机化算法：蒙特卡洛模拟

一、案例内容

蒙特卡洛模拟（Monte Carlo Simulation）是一种以摩纳哥著名赌城蒙特卡洛命名、基于概率的模拟统计研究方法。该模拟方案最初来源于美国政府在第二次世界大战中研发的第一个核兵器项目——曼哈顿项目。美国计算机数学家斯塔尼斯拉夫·乌拉姆（Stanislaw Ulam）最先发起这一项目，并和有"电子计算器之父"称号的约翰·冯·诺依曼（John von Neumann）共同完善了这一统计模拟技术。该技术的思想其实早已被应用，1777年，法国数学家布丰（Buffon）用于计算圆周率的投针实验就是基于同样的思想。

根据概率的定义，在一个无限次重复的随机概率实验模型中，某一随机事件发生的频率即发生该随机事件的概率。蒙特卡洛建模，主要是把大量实际数学现象进行抽象转化，进而利用计算机软件进行数据建模。通过上述算法可以得到问题的近似解，其核心是用频率估计概率。目前，很多领域（例如金融工程学、宏观经济学、生物医学、计算天文物理等）都应用蒙特卡洛模拟的原理来解决问题。

在蒙特卡洛模拟的计算机实验中，通过随机数点法计算圆周率是最经典的例子。在一个已知边长等于2的正方形中做一个半径等于1、面积等于π的内切圆，在此正方形平面内随机生成n个均匀分布的点，以圆心为原点构建坐标系，并使用坐标(x,y)描述点的位置，即点落在圆内这一事件可以描述为$x^2+y^2 \leqslant 1$。随着点的数量n的进一步增大，可以发现圆形平面内点的数量占正方形内点的总数的比例p将逐渐趋近一个固定值，此固定值也就是圆形面积占正方形面积的比例，为$\pi/4$。据此可以计算出π的近似解，即$\pi = 4p$。可以验证，当$n = 100000$，$\pi = 3.15464$；当$n = 1000000$，$\pi = 3.14072$。即继续增大点数数量，蒙特卡洛模拟中π的估计值越接近实际值（如图2-3所示）。

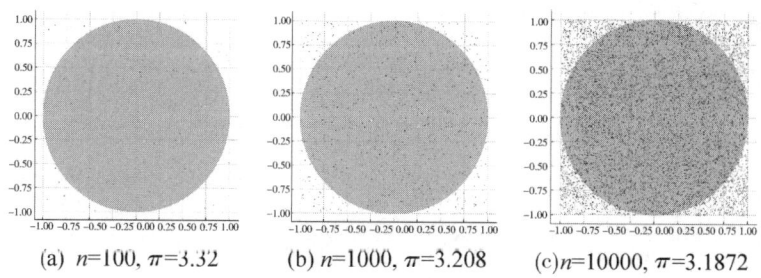

(a) $n=100$, $\pi=3.32$ (b) $n=1000$, $\pi=3.208$ (c) $n=10000$, $\pi=3.1872$

图2-3　蒙特卡洛模拟计算圆周率

另一个经典的例子是掷硬币实验。我们都知道，掷一枚均匀无偏的硬币，理论上正面（Head）向上和反面（Tail）向上的概率均为0.5。当掷硬币实验次数（n）越多，正面向上和反面向上的频率越接近理论上的概率0.5（如图2-4所示）。

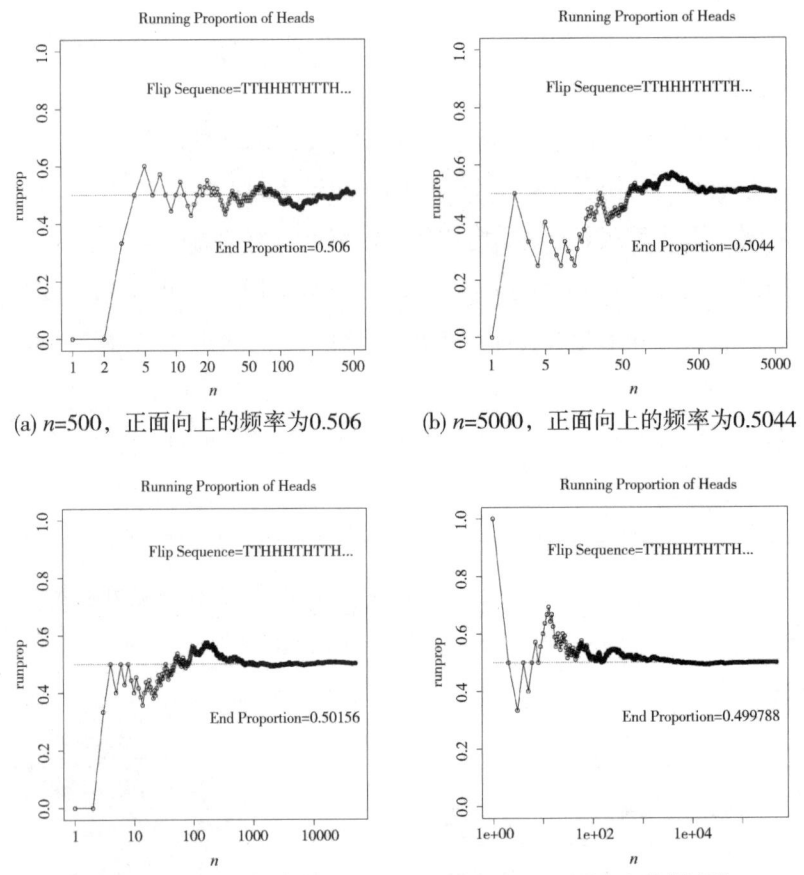

(a) $n=500$，正面向上的频率为0.506　　(b) $n=5000$，正面向上的频率为0.5044

(c) $n=50000$，正面向上的频率为0.50156　(d) $n=500000$，正面向上的频率为0.499788

图2-4　掷硬币实验

二、案例分析

蒙特卡洛模拟表明，对于在理论上很难解决的问题，可以使用计算机生成大量样本进行模拟，用离散变量代替连续变量，用频率估计概率，从而简化和解决问题。通过两个直观的例子，帮助学生理解统计学理论，从不同角度思考问题，探索不同的解决问题的方法。蒙特卡洛模拟涉及众多学科，如统计学、计算机科学、数学和物理学等。对这一方法的介绍，有助于学生拓宽研究视野，发掘新的研究问题和解决方案。

参考文献

[1] HARRISON R L. Introduction to Monte Carlo Simulation [J]. AIP conference proceedings, 2010, 1204 (1): 17 – 21.

（杨　潇　陈廷龙　付甜甜　李菁华）

第三节　抽样实验：统计推断的基石

一、案例内容

本案例以样本均数的抽样分布为例，通过模拟抽样实验，展示从某已知总体中重复随机抽样时，样本均数的分布特征，并通过改变总体分布特点，展示样本均数分布特征的变化。通过该实验促进学生对抽样分布、抽样误差等基本概念的理解。

假设正常成年男子红细胞数（$10^{12}/L$）服从正态分布，其两个参数分别为均数 4.6602，标准差 0.5746。运用蒙特卡洛模拟做以下随机抽样实验：抽取样本量为 5 的随机样本并计算样本均数，重复抽样 1000 次，得到 1000 个样本均数，通过直方图描述它们的分布特征；用类似的方法，抽取样本量为 10、30 的随机样本，计算样本均数，各重复抽样 1000 次（如图 2 – 5 所示）。在本案例中，正常成年男子红细胞数是总体，从总体中随机选取的 n（5、10、30）个数据是一个样本，由这 n 个样本计算出的均数是样本的统计量。若进行多次（如本例中的 1000 次）简单随机抽样，那么每次得到的随机样本将包括不同的 n 个样本，也将得到不同的样本均数，这些样本均数的分布即为统计量的抽样分布。

图 2-5 可直观地展示样本均数的抽样分布情况。本例中，正常成年男子红细胞数的分布如图 2-5（a）所示，由图可以看出总体服从正态分布。设置样本量 $n=5$，样本均数的抽样分布如图 2-5（b）所示，从该图可以看出样本均数围绕总体均数呈对称分布，且比总体分布更集中。如将样本量设置为 10，抽样分布如图 2-5（c）所示；将样本量设置为 30，抽样分布如图 2-5（d）所示。由图可见，样本量增大后，样本均数的离散程度（标准差，此处亦称标准误）减小，其均数近似总体均数。

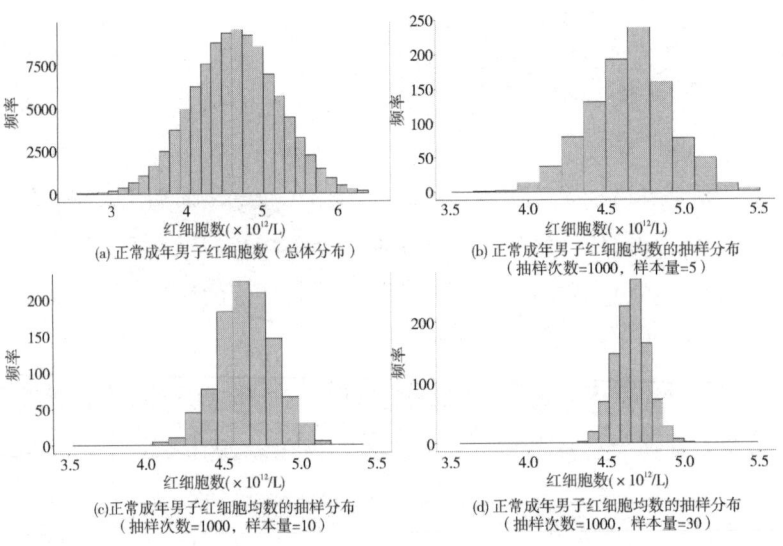

图 2-5 正常成年男子红细胞数抽样分布

（资料来源：方积乾《医学统计学与电脑实验》，上海科学技术出版社 2012 年版，第 50 页）

当设计从非正态分布总体中随机抽样时,均数的抽样分布会怎样?某环境监测点 2015 年 1 月 1 日至 2 月 28 日每小时 PM_{10} 浓度的总体分布如图 2-6 (a) 所示,可以看出,该分布呈正偏态分布,经计算得到该总体均数为 150 $\mu g/m^3$。样本量为 5、10、30 时,1000 次重复抽样的样本均数分布情况分别如图 2-6 (b)、图 2-6 (c)、图 2-6 (d) 所示。可以看出,样本均数的离散程度明显小于总体分布的离散程度,即样本均数的标准差明显小于总体分布的标准差;样本均数的取值随样本量变化而变化,但分布围绕总体均数左右对称,且中间高、两边低,呈近似对称;样本量不同时,样本均数的抽样分布是不同的,样本量越大,样本均数的变异程度越小。实际上,无论总体分布如何,随着样本量的增加,样本均数的抽样分布都将近似服从正态分布。

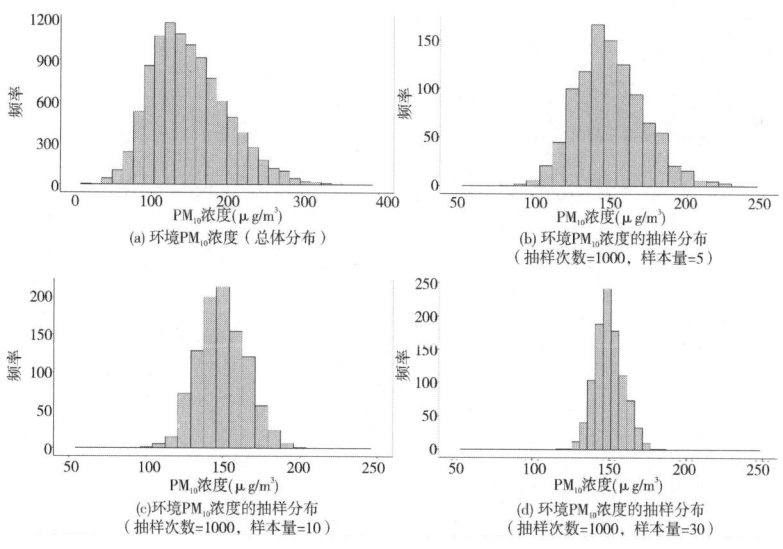

图 2-6　环境 PM_{10} 浓度抽样分布

(资料来源:李晓松《卫生统计学》,人民卫生出版社 2017 年版,第 121-122 页)

二、案例分析

抽样分布和抽样误差是统计推断的基石。卫生统计学研究的目的是探索健康相关现象的数量规律。为了解总体特征，一般通过对总体进行随机抽样得到样本，利用样本统计量对总体进行推断。本案例利用概率论，通过抽样探讨样本统计量分布特征的一般规律，以该规律指导如何在实践中基于一次抽样得到的样本统计量来推断总体。在课堂教学中，教师除了介绍案例中抽样分布相关的统计学原理、抽样误差的概念、计算方法以外，还可充分结合医学案例，展示如何基于抽样分布的规律、抽样误差等开展医学研究、指导医学实践，在这一过程中，融入科学严谨、实事求是等德育元素，同时提升学生数理统计方面的专业素养。

参考文献

[1] 方积乾. 医学统计学与电脑实验 [M]. 4版. 上海：上海科学技术出版社，2012.

[2] 李晓松. 卫生统计学 [M]. 8版. 北京：人民卫生出版社，2017.

（吴文静　尚萌琳　顾　菁）

第四节　概率与频率：伯努利大数定理

一、案例内容

本案例以抛硬币为例展示概率和频率的基本概念，并通过模拟抽样实验展示不同实验次数下频率和概率之间的关系，从而引出伯努利大数定理。此外，以高血压患病率为例，展示伯努利大数定理在医学场景中的应用。

（一）案例一

在本案例中，抛硬币为一项随机实验，包含两个互斥事件：正面朝上（事件A）和背面朝上（事件B）。假设这枚硬币质地均匀，正面朝上和背面朝上的可能性相同，且每次抛掷硬币的结果独立。将该枚硬币抛掷 n 次，探讨正面朝上的频数 n_A 以及频率 $f_n(A)$。概率表示某事件在一次实验中发生的可能性大小，由于硬币质地均匀，可认为正面朝上和背面朝上的概率都是50%。在将该枚硬币抛掷 n 次的实验中，正面朝上的频率定义为正面朝上的次数与总抛掷次数之比。假设将硬币分别抛掷5次、50次、500次，各重复10次，所得正面朝上的频数 n_A 以及频率 $f_n(A)$ 见表2–1。

表2–1 不同抛掷次数（n）时正面向上的频数 n_A 及频率 $f_n(A)$

实验序号	$n=5$		$n=50$		$n=500$	
	n_A	$f_n(A)$	n_A	$f_n(A)$	n_A	$f_n(A)$
1	1	0.2	29	0.58	237	0.474
2	5	1.0	23	0.46	266	0.532
3	1	0.2	22	0.44	238	0.476
4	3	0.6	32	0.64	235	0.470
5	1	0.2	25	0.50	253	0.506
6	3	0.6	22	0.44	228	0.456
7	3	0.6	24	0.48	238	0.476
8	4	0.8	30	0.60	261	0.522

续表 2-1

实验序号	n = 5		n = 50		n = 500	
	n_A	$f_n(A)$	n_A	$f_n(A)$	n_A	$f_n(A)$
9	3	0.6	25	0.50	254	0.508
10	3	0.6	30	0.60	234	0.468

由上表可见，当硬币抛掷次数较小时（$n=5$），正面朝上的频率 $f_n(A)$ 随机波动的幅度较大，但随着抛掷次数的增大（$n=50$ 或 500），正面朝上的频率 $f_n(A)$ 波动的幅度变小，且 $f_n(A)$ 逐渐趋近于正面朝上的概率 π_A（50%）。根据伯努利大数定理，对于任意正数 $\varepsilon>0$，有：

$$\lim_{n\to\infty}P\{|f_n(A)-\pi_A|<\varepsilon\}=1$$

该定理表明，当抛掷次数足够大时，试验中正面朝上的频率 $f_n(A)$ 近似正面朝上的概率 π_A。

（二）案例二

为了解中国 2018 年成年居民高血压的患病状况，某研究采用分层多阶段整群随机抽样方法抽样 179,873 人，其中，基于高血压定义（收缩压 ≥140 mmHg、舒张压 ≥90 mmHg 或既往有高血压史并且近 2 周内服用降压药物）诊断为高血压的调查对象共有 49,105 人。计算患病率为：

$$\frac{49105}{179873}\times100\%=27.3\%$$

在本案例中，患病和不患病是两个互斥的事件，总体概率（即中国 2018 年成年居民高血压患病率）未知，基于样本所计算的患病率实质为频率，由于所抽取样本的样本量足够大，所计算的患病率近似中国 2018 年成年居民高血压的患病率。

二、案例分析

伯努利大数定理是数理统计学的基础，其揭示了在相同条件下的试验次数足够大时，随机现象的统计规律性才能呈现。该定理使得科研者在足够大样本的人群中能够探索疾病及健康相关事件发生和演变的规律，为疾病的预防、治疗以及健康干预提供指导。在课堂教学中，教师除了介绍频率、概率和伯努利大数定理的基本概念以外，还可进一步阐述如何基于伯努利大数定理的思想开展医学研究，透过大量的偶然性，揭示其中的必然性规律。

参考文献

[1] 盛骤. 概率论与数理统计 [M]. 4 版. 北京：高等教育出版社，2008.

（杨梓滢　顾　菁）

第五节　t 分布：参数估计基础

一、案例内容

本案例主要阐明如何从均数的抽样分布到 t 分布，加深学生对 t 分布的理解。利用计算机模拟抽样实验，从某正态分布总体中随机抽取样本量大小不同的样本，作 t 转换后绘制成相应的频率分布图，并绘制不同自由度的 t 分布概率密度函数曲线，通过比较不同自由度下的 t 分布概率密度函数曲线的形态特征，进一步加深学生对 t 分布、正态近似等基本概念的理解。

(一) 案例一

假设某大学有东校区和北校区两个校区，为了解该校同学体育锻炼情况，该校体育部对东校区和北校区的学生每周平均体育锻炼时长进行调查，以便进一步制订计划鼓励大学生锻炼。体育部先对东校区进行调查，获得东校区全体 1000 名学生每人每周体育锻炼时长为 39.65 分钟（$\mu_{东}$ = 39.65 分钟）。现因时间紧急，只能对北校区学生进行一次样本量为 20 的随机抽样调查，获得北校区 20 名学生每人每周体育锻炼时长为 39.20 分钟（$\overline{X}_{北}$ = 39.20 分钟）。体育部为对比东校区和北校区学生总体锻炼情况是否相同，对东校区总体数据进行样本量 $n = 20$ 的重复抽样 1000 次，得到抽样分布表（见表 2-2），对应的抽样分布图如图 2-7 所示。通过计算各时段累计概率值，可知北校区学生的样本均数 39.20 分钟未落入检验水平为 0.05 的拒绝域（$\overline{X} \leq$ 36 分钟或 $\overline{X} \geq$ 44 分钟），因此得到结论，尚不能认为东校区和北校区学生总体锻炼情况不同。

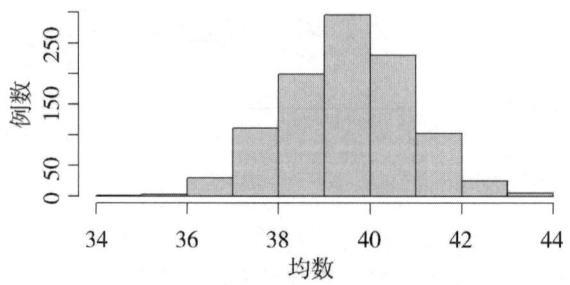

图 2-7　东校区全体 1000 名学生每周锻炼时长抽样分布
（抽样次数 = 1000，n = 20）

表2-2 东校区全体1000名学生每周锻炼时长抽样分布
（抽样次数=1000，n=20）

均数/分钟	35	36	37	38	39	40	41	42	43	44
例数	1	2	29	111	199	296	230	103	24	5
频率/%	0.1	0.2	2.9	11.1	19.9	29.6	23.0	10.3	2.4	0.5

以上述案例为例，利用以下三个步骤阐明如何从抽样分布到 t 分布。

（1）将其对称轴统一，即将获得的每个样本均数 $\overline{X}_{东}$ 都减去总体均值 $\mu_{东}$（39.65分钟），得到每个样本均数偏离总体均数程度（$\overline{X}_{东} - \mu_{东}$）。对偏离总体均数的值进行均值抽样试验，可以发现随着抽样次数的增加，均值分布逐渐趋于稳定，最后得到一个类似正态分布的均值抽样分布，其对称轴为 $\overline{X}_{东} - \mu_{东} = 0$，即总体中每个数偏离总体均值的程度在0的左右产生波动，如图2-8所示。

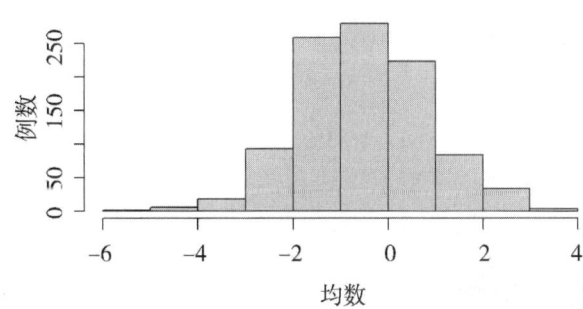

图2-8 偏离总体均数的值的抽样分布（抽样次数=1000，n=20）

（2）利用样本均值偏离总体均值的程度除以样本内部的离散程度 $\dfrac{\sigma}{\sqrt{n}}$，即可去掉单位的影响，得到 Z 值。但通常情况下总体标准差 σ 值未知，因此用样本标准差 s 来代替 σ，此时得到的

值便称为 t 值。

（3）再次对样本进行 $n=20$ 的重复抽样 1000 次，每次抽样都计算 t 值，绘制 t 值抽样分布图即得到 t 分布（$v=19$，v 代表 t 分布的自由度），如图 2-9 所示。

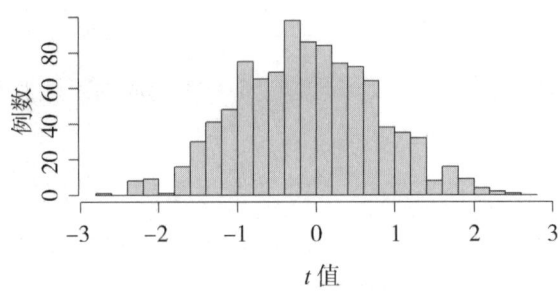

图 2-9　t 分布（$v=19$）

（二）案例二

现假设某总体均数为 0，标准差为 1，包含的个体数为 1000，该总体概率分布如图 2-10（a）所示。从该总体中一次抽取 3 人（$n=3$），重复抽取 200 个样本，转换 t 值后，绘制频率分布图如图 2-10（b）所示。若从此总体中一次抽取 6 个人（$n=6$），抽取 200 个样本，转换 t 值后，绘制频率分布图如图 2-10（c）所示。比较图 2-10（b）和图 2-10（c）可以发现：一次抽取 3 人的概率密度曲线更分散，即峰部矮，尾部高；一次抽取 6 人得到的概率密度曲线更集中，即峰部更高，尾部更低。

现假设抽取例数 $n=3$ 的样本 1000 次，抽取例数 $n=6$ 的样本 1000 次，分别计算 t 值后绘制概率密度函数曲线，如图 2-10（d）所示，可以看出，当抽取样本量较大时，其集中趋势更为明显，即峰部更高，两侧尾部更低。

为进一步对比不同样本量对 t 分布的概率密度曲线的影响，

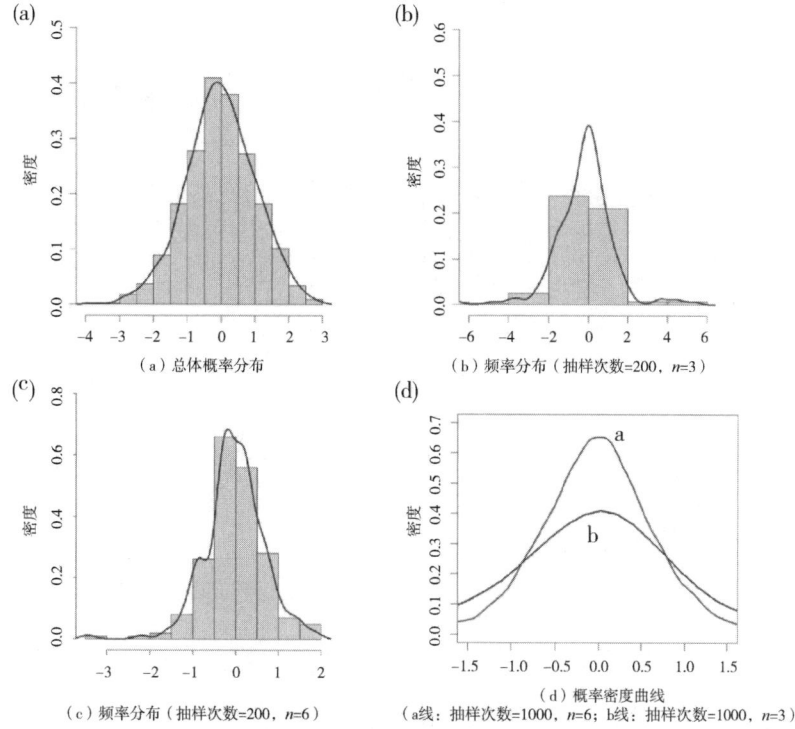

图 2-10　不同抽样次数和不同样本量下的 t 分布

从该总体中分别作 $n=1$，$n=3$，$n=8$ 和 $n=30$ 的重复多次抽样，绘制概率密度曲线，结果如图 2-11 所示。可以看到，随着抽取样本量的增大，t 分布的曲线特征逐渐近似正态分布，t 分布的极限分布为标准正态分布。一般情况下，可以认为在 $n>30$ 的情况下，t 分布近似标准正态分布。

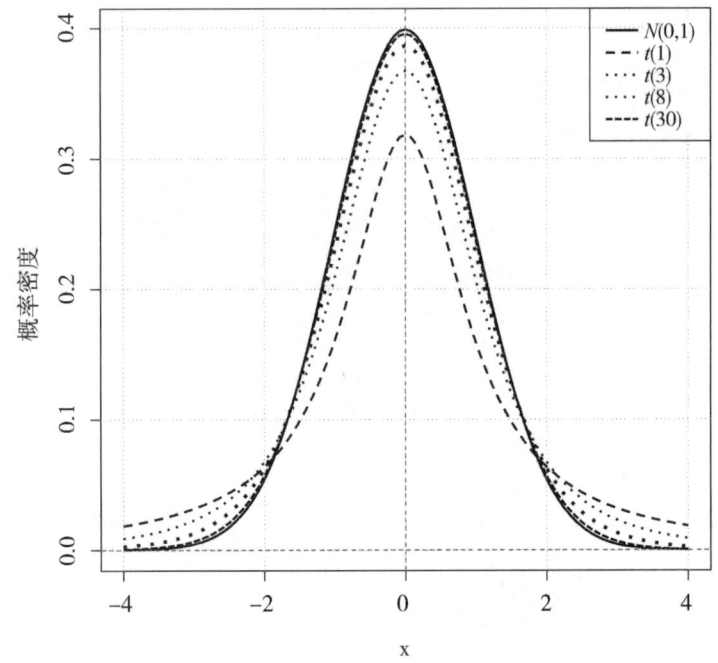

图 2-11 不同自由度下的 t 分布概率密度曲线

（三）结论

通过以上两个案例，我们可以总结出 t 分布的特征为：

（1）以 0 为中心，左右对称的单峰分布。

（2）t 分布是一簇曲线，其形态变化与自由度大小有关。自由度越小，t 分布曲线越低平，在相同自由度下，t 绝对值越大，t 分布的尾部概率越小；自由度越大，t 分布曲线越接近标准正态分布曲线。

（3）与标准正态分布曲线相比，t 分布曲线最高处较矮，两尾部较高，这意味着 t 分布较正态分布具有更高的容错性，适合小样本的假设检验。

（4）t 分布的概率密度曲线下面积有一定的规律性。如自由

度 $v=9$ 时，$t \leqslant -1.833$ 或 $t \geqslant 1.833$（单侧）的曲线下面积为 0.05。通过对比实现确定的小概率和 t 值对应的曲线下面积，可以进行假设检验。

二、案例分析

t 分布是估计总体参数的基础。通过实际案例的导入和分析，使学生在更好地理解理论知识点的同时，养成利用系统思维研究问题的习惯，使其具备利用统计学知识对数据进行科学、合理分析与解释的技能及科学创新的能力。教师通过循序渐进的引导，使学生掌握 t 分布的产生和计算方法，促使学生将理论和实践相结合，培养学生利用 t 分布解决实际问题的能力。

参考文献

[1] 方积乾. 生物医学研究的统计方法 [M]. 北京：高等教育出版社，2019.

（陈志冰　张王剑）

第六节　总体均数的区间估计：置信区间

一、案例内容

本案例以总体均数的区间估计为例，通过模拟实验，展示了在总体均数 μ 未知的情况下如何利用样本均数 $\bar{X}$ 进行推断，并探讨了在未知总体标准差 σ 的情况下总体均数的区间估计方法。通过这个实验，旨在帮助学生更好地理解置信区间等基本概念。

（一）案例一

通过计算总体均数的95%置信区间，估计某地所有13岁女中学生的平均身高。从该地随机抽取30名13岁女中学生，得到样本的身高均数 $\bar{X}=158.2$ cm，标准差 $s=5.31$ cm，95%置信区间为 [156.2，160.2]。然而，当地所有13岁女中学生的平均身高不一定在该区间内。若重新抽取一个样本量为30的样本，所得的样本均数、标准差及置信区间可能会有所差异。

若已知该地所有13岁女中学生的平均身高 $\mu=155.4$ cm，标准差 $\sigma=5$ cm，我们可以通过计算机模拟进行抽样实验。在这个实验中，我们进行了100次抽样，每次抽取了 $n=30$ 名13岁女中学生，并计算得到了100个样本均数及其95%置信区间。我们发现平均有95个置信区间包含总体均数（估计正确），而有5个置信区间并不包含总体均数（估计错误），即犯错误的概率是0.05，可以认为是一个小概率事件。因此，在实际应用中，我们通常会认为置信区间包含总体均数。图2-12能够更直观地表示总体均数置信区间的含义。

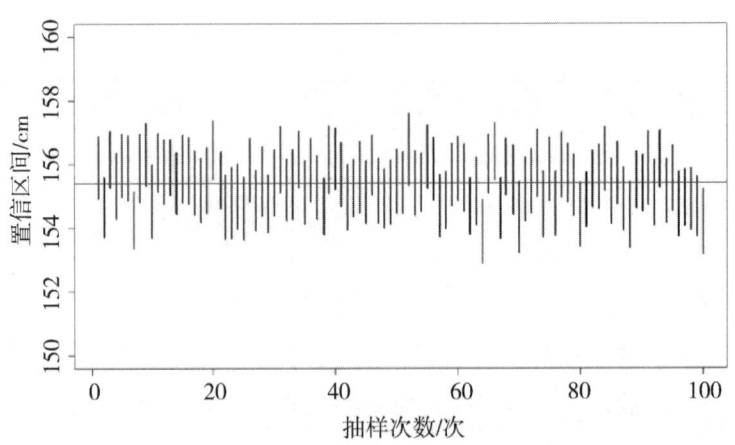

图2-12　正态总体（$\mu=155.4$ cm，$\sigma=5$ cm）均数的100次随机抽样
（$n=30$）均数的95%置信区间

注：图中参考线为 $\mu=155.4$ cm。

（二）案例二

在总体标准差未知的情况下，假设我们从某地抽取了 200 名成年男性，并对他们的红细胞进行了检测，得到了样本的红细胞平均数为 $5.00(\times 10^{12}/L)$，标准差为 $0.60(\times 10^{12}/L)$。在这种情况下，我们需要使用样本标准差来代替总体标准差，并且改用 t 分布而非 Z 分布进行统计推断。用样本标准差代替总体标准差，我们计算出样本均数的标准误为 $0.6/\sqrt{200}=0.042(\times 10^{12}/L)$。利用 t 分布进行推断，我们可以计算得到样本均数的 95% 置信区间为 $[4.916, 5.084](\times 10^{12}/L)$。

当抽样的样本含量足够大时（例如 $n>30$），我们也可以用 Z 分布直接替换 t 分布进行估计。在本例中，样本量为 200，含量较大，因此可以采用近似方法进行估计。我们可以得到样本均数的 95% 置信区间为 $[4.917, 5.083](\times 10^{12}/L)$。该区间范围与基于 t 分布估计的结果非常接近但更窄，为近似结果。

二、案例分析

总体均数的区间估计，是统计推断中最重要的内容之一。在科学研究中，研究者们通常需要回答明确的科学问题，而基于研究收集到的数据进行统计推断则是得到统计学结论的重要方法。直接利用样本均数推测总体均数显然具有一定的局限性，因为它无法体现出统计推断的不确定性。而区间估计的思想明确了单次抽样所得样本估计的不确定性，即抽样误差的存在。置信区间为我们提供了一个以较大把握度（通常为 95%）来估计总体均数的方法。

在课堂教学中，教师除了通过案例介绍区间估计的统计学原理、置信区间的概念和计算方法，还可以充分结合医学案例，展示如何利用置信区间开展医学研究并指导医学实践，从而得出更可信的统计学结论和研究结果。在这个过程中，融入规范科研的科学素养，以严谨细致、认真负责的德育元素为基础，让学生领略统计推断的不确定性和统计结论的严谨性，从而提升数理统计的专业素养。

（蔡欢乐　张王剑）

第七节　摸球实验与二项分布：概率理论

一、案例内容

本案例以概率理论的二项分布为例，通过贴近生活的摸球实验，展示从已知总体中反复摸球情况下，是否摸到某个特定圆球这一二分类随机变量的分布特征。通过推演摸球次数，我们能够观察到独立重复实验下的二项分布随机变量特征。这个实验旨在通过实践来培养学生的数学素养，帮助他们更好地理解二项分布、数学组合等基本概念。

假设一个袋子里有 5 个乒乓球，其中 2 个白色的、3 个黄色的。我们进行一项盲法摸球游戏，每位参与者在事先不知道球的颜色的情况下，每次只能摸 1 个球，并将摸出的结果记录后放回袋子中，然后下一位参与者再摸。这样的过程会重复进行 5 次，最后我们要统计一共摸到白色球的次数。根据概率论，一共摸到白色球的次数可能是 0 次、1 次、2 次，甚至每次都摸到白色球。课堂上，教师可邀请学生参与这个实验（或观看模拟实验视频），并计算摸到白色球 0 次、1 次、2 次，以及每次均摸到白色球的概率。

在这个实验中，白色乒乓球的比例是2/5，黄色乒乓球的比例是3/5，由于每次摸完后将球放回袋子中，每次摸到白色球的概率均为0.4，摸到黄色球的概率都是0.6。如果在5次摸球中，前X次摸到的是白球，以后$5-X$次摸到的是黄球，对应的概率就是$0.4^X 0.6^{5-X}$。而且，因为摸到白球的事件可能发生在5次中的任意X次，因此在5次中有X次摸到白球的概率为$C_5^X 0.4^X 0.6^{5-X}$。其中，C_5^X表示"从5个球选取X个球的组合数"，这是组合学和概率理论中最基本的数学组合概念之一。

上述实验有三个特点。①独立性：每次摸球都是相互独立的，每个参与者摸球并放回后，并不会影响下一个参与者摸球的情况。②二分类：即每次摸球只有两种可能的结果，要么是摸到白球，要么是摸到黄球。③可重复性：每次摸到白球或黄球的概率是固定的（比如，摸到白球的概率是π，则摸到黄球的概率就是$1-\pi$）。在具备这三个特点的情况下，摸球次数为n时，摸到白球的次数（可以理解为随机变量）的概率分布就符合二项分布的规律。

二、案例分析

二项分布是概率理论的基本概念之一。医学研究中，很多现象的观察结果均可以用二分类变量表示，比如发病与否、死亡与否、治愈与否。我们将观察事件的发生定义为阳性结果，其概率为π，阴性结果的发生概率为$1-\pi$，如果每个观察事件的结果均是相互独立的，那么重复观察n个对象，发生阳性结果的次数X的概率分布就符合上述的二项分布，一般记为$B(n,\pi)$。

教师在讲解二项分布时，除了提及上述摸球实验的生活案例外，还可以将其拓展到医药卫生领域，特别关注《"健康中国

2030"规划纲要》和《"十四五"国民健康规划》中提及的重点疾病,例如高血压、高血糖、高血脂的管理服务规范与否,重点癌症机会性筛查结果,以及重大突发传染性事件等,令讲解更贴近学生的专业背景,增强学生对抽象统计学理论的理解,并提高他们通过医学统计学知识解决专业问题的能力。此外,还可以通过实验案例的讲解促进课堂教学互动,以达到更好的教学效果,润物无声。

参考文献

[1] ROSNER B. Fundamentals of biostatistics [M]. Boston: Cengage Learning, 2015.

(林 晓)

第八节 Ⅰ、Ⅱ类错误:统计推断的正确性

一、案例内容

本案例以某大学男生平均体重与该学校所在城市所有大学男生平均体重进行比较为例,通过模拟实验,改变样本含量、临界值和总体参数,展示Ⅰ类错误和Ⅱ类错误的变化关系。通过该实验加强学生对Ⅰ类错误、Ⅱ类错误和检验效能等重要概念的理解。

已知某城市所有大学男生的平均体重$\mu = 71$ kg,标准差$\sigma = 5.7$ kg。该城市某大学全体男生平均体重为μ_1,标准差为σ_1。现在对该大学进行抽样研究,随机抽取n名男生,测量其体重,采用Z检验比较该大学全体男生平均体重与该学校所在城市所有大

学男生平均体重的差异。零假设 H_0：$\mu = \mu_1$，备择假设 H_1：$\mu < \mu_1$（为方便说明问题，假设已知该大学全体男生平均体重不会小于该学校所在城市所有男大学生平均水平，这里考虑做单侧检验），检验水准为 α，检验统计量 Z 的界值为 $Z_{\alpha/2}$。设定总体均数 $\mu_1 = 74$ kg，$\sigma_1 = \sigma = 5.7$ kg，得到总体均数分别为 μ 和 μ_1 的两个正态分布。

运用模拟实验做以下演示：从上述大学抽取样本量 n 为 50 的随机样本，进行 Z 检验，$\alpha = 0.05$。均数的抽样分布如图 2-13 所示。当 H_0 成立时，若 Z 检验拒绝 H_0，即 $\overline{X} > \mu + Z_\alpha \dfrac{\sigma}{\sqrt{n}} = 72.3$，犯错误的概率为 α，统计学上将这种拒绝了正确的零假设 H_0（弃真）的错误称为 I 类错误。相反，如果 H_0 实际上是不成立的，但假设检验的结果不拒绝 H_0，这时犯错误的概率为 β，这种没有拒绝错误的零假设 H_0（纳伪）所犯的错误称为 II 类错误；图 2-13 中的 $1-\beta$ 表示成功拒绝不正确的零假设的概率，统计学中称之为检验效能（power），它的意义是，当两个总体参数间存在差异时，所使用的统计方法能够发现这种差异的概率。

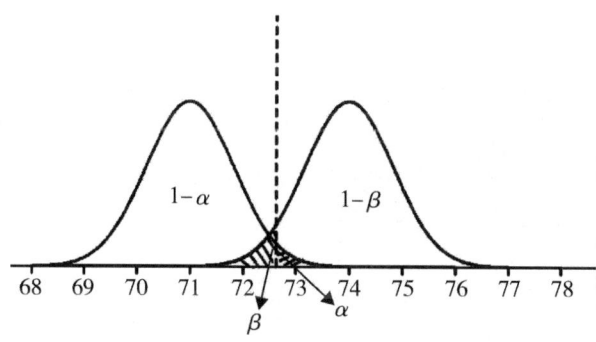

图 2-13 均数的抽样分布及两类错误示意图 A

抽取样本量 n 为 100 的随机样本，其他参数保持不变，重复上述模拟实验，得到如图 2-14 所示的两组正态分布曲线。比较

图 2-13 和图 2-14 中两类错误所对应的区域面积，可以发现，α 和 β 都变小了，相应的 $1-\beta$ 增大了。这表明，在其他条件相同时，增大样本量可以同时降低犯 I 类错误和 II 类错误的概率，提高检验效能。

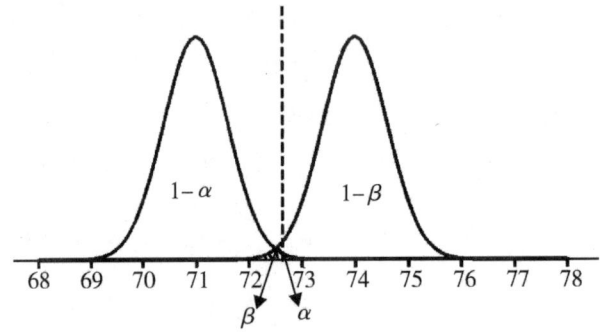

图 2-14 均数的抽样分布及两类错误示意图 B

若我们保持样本量不变，仍随机抽取 50 个随机样本，总体均数也保持不变，调整拒绝域的界值，取 $\alpha = A$（增大 α，如 $A = 0.10$），则拒绝域为 $\overline{X} > \mu + Z_\alpha \dfrac{\sigma}{\sqrt{n}} = A$，得到如图 2-15 所示的两组正态分布曲线。比较图 2-13 和图 2-15 中两类错误所对应的区域面积，可以看到，α 增大时，β 会减小，$1-\beta$ 会增大。也就是说，在其他条件相同时，检验水准 α（即 I 类错误的概率）减小，II 类错误的概率会增大，同时检验效能降低。

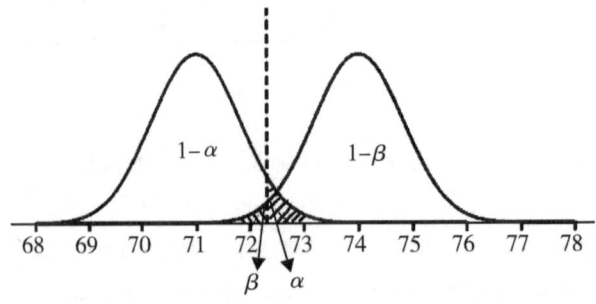

图 2-15 均数的抽样分布及两类错误示意图 C

若我们仍然随机抽取 50 个随机样本，拒绝域的界值保持在 $\bar{X}=72.3$，此时若总体均数 $\mu=72$ kg，得到如图 2-16 所示的两组正态分布曲线。比较图 2-13 和图 2-16 中两类错误所对应的区域面积，可以看到，当两总体均数之差减小时，在同样的拒绝域下，α 会增大。若令 α 保持不变，则 β 会增大，$1-\beta$ 会减小。相应地，当两总体均数之差增大时，若令 α 保持不变，则 β 减小，$1-\beta$ 增大。由此可以得出，当其他条件相同时，两个总体参数间的差异越大，假设检验犯 II 类错误的概率越小，同时检验效能越高。

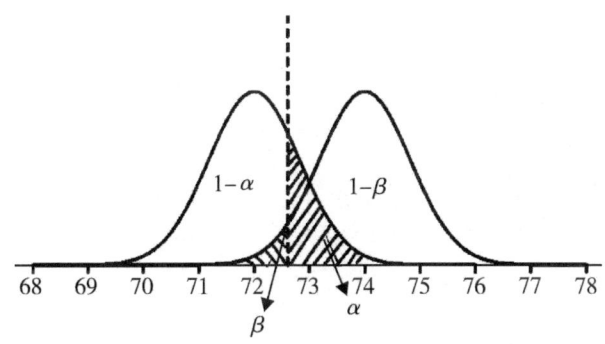

图 2-16　均数的抽样分布及两类错误示意图 D

二、案例分析

假设检验是统计推断的重要内容，是基于一次抽样得到的样本统计量对总体参数是否满足某种假设进行推断。由于抽样误差的存在和假设检验中对"小概率反证法思想"的应用，在假设检验做出统计推断时，所得到的结论不一定正确，可能犯 I 类错误或 II 类错误。在研究设计时，我们要合理设定 I 类错误和 II 类错误的"允许"标准，以此估算适当的样本量，以控制犯错误的概率。在做出研究结论时，我们需要在正确理解Ⅰ类错误和Ⅱ类错误概念的基础上，严谨、辩证地看待"阳性"和"阴性"的研究结论。

（陈　锋　陈　雯）

第九节　多样本的两两比较：t 检验的错误演示

一、案例内容

本案例以比较广东省多个区县之间儿童血红蛋白浓度水平是否存在差异为例，向学生介绍利用两两比较的 t 检验进行三组或三组以上总体均数比较时增加犯Ⅰ类错误概率的原因，并介绍在进行多重比较时常用到的统计学方法，以加深学生对多重比较的理解。

欲比较广东省不同区县之间儿童血红蛋白浓度水平是否存在差异，可以在广东省不同区县随机抽取一定样本量的儿童，利用血细胞分析仪测量儿童血红蛋白浓度。当只比较两个区县的儿童血红蛋白浓度水平是否存在差异时，如两组数据满足 t 检验的前提条件，可以利用两独立样本 t 检验。当比较的区县为两个时，这种方法是正确可行的，但当我们需要比较的区县不再是两个，而是三个或者更多个的时候，是否还可以继续使用 t 检验进行比较？

如果继续选择 t 检验进行比较，如比较三个不同区县 A、B、C 之间儿童血红蛋白浓度水平是否存在差异时，需进行 A 与 B、B 与 C、A 与 C 两两之间的比较。如果得到的三组结果都是 $P > 0.05$，则认为这三个区县之间儿童血红蛋白浓度水平没有差异；

如果三次比较中有一次出现 $P<0.05$，则认为这三个区县之间儿童血红蛋白浓度水平的差异具有统计学意义。

但上述方法并不妥当，因为这将会增大犯 I 类错误的概率。将 α 设为 0.05，即限定了 I 类错误出现的概率，也称为假阳性（当 H_0 成立时却拒绝 H_0）出现的概率。本案例中共进行了三次两两比较，若原假设正确，每次出现假阳性的概率为 0.05，那么三次两两比较中至少有一次出现假阳性的概率将变为 $1-(1-\alpha)^3 = 1-(1-0.05)^3 = 0.143$。这样，原本我们设定的假阳性概率由 0.05 变成了 0.143，提高到将近 3 倍；即当我们进行三组间的两两比较时可能会有 0.143 的概率将原本没有差异的结果认定为存在差异，更容易获得假阳性的结果。按照提前设定的 I 类错误水平 0.05，这是不能接受的。

同理，当比较的区县不再是 3 个，而是 4 个、5 个、$\cdots$、n 个时，如果继续利用两两比较的 t 检验进行比较，将分别进行 $C_4^2=6$、$C_5^2=10$、$\cdots$、$C_n^2=\dfrac{n(n-1)}{2}$ 次两两比较，至少有一次出现假阳性的概率见表 2-3。

表 2-3 不同数量区县两两比较时至少出现一次假阳性的概率

区县数量	两两比较次数	计算公式	假阳性概率（α'）
3	3	$1-(1-0.05)^3$	0.143
4	6	$1-(1-0.05)^6$	0.265
5	10	$1-(1-0.05)^{10}$	0.401
6	15	$1-(1-0.05)^{15}$	0.537
7	21	$1-(1-0.05)^{21}$	0.659
8	28	$1-(1-0.05)^{28}$	0.762
9	36	$1-(1-0.05)^{36}$	0.844
10	45	$1-(1-0.05)^{45}$	0.901

续表 2 - 3

区县数量	两两比较次数	计算公式	假阳性概率（α'）
11	55	$1-(1-0.05)^{55}$	0.940
12	66	$1-(1-0.05)^{66}$	0.966
…	…	…	…
n	$\dfrac{n(n-1)}{2}$	$1-(1-0.05)^{\frac{n(n-1)}{2}}$	…

如果我们利用两两比较的 t 检验分别对 4 个、5 个、…、n 个不同区县之间儿童血红蛋白浓度总体水平进行比较，分别将有 0.265、0.401、…、$1-(1-0.05)^{\frac{n(n-1)}{2}}$ 的概率出现假阳性。这一概率随着比较次数增多迅速增大。由此可见，当进行三组或三组以上总体均数的比较时，两两比较的 t 检验已不再满足要求。此时应采用多组总体均数比较的方差分析进行假设检验。当检验结果为不拒绝 H_0 时，我们可以直接做出多组总体均数差异无统计学意义的结论；当检验结果为拒绝 H_0 时，需要采用专门进行多重比较的统计学方法，如 Bonferroni 法、LSD-t 检验、Dunnett-t 检验和 SNK-q 检验进行两两比较。

二、案例分析

由于医学研究中往往关注有统计学意义的结果，假阳性是尤其需要重视的问题。本案例介绍了利用两两比较的 t 检验进行多重比较会增加 I 类错误（假阳性）概率，以及其产生的原理，也介绍了正确的数据处理方法。教学中，教师可引申出课本外的解决方法，如 α 分割法、通过研究设计规避等，以拓宽学生视野，提高学生的专业素养。此外，在教学中还需加深学生对统计学结论的"概率性"、多次比较会增加假阳性概率等重要概念的理解；指导学生在分析不同设计类型数据时，正确选择统计分析方法；告诫学生在研究中避免为发现阳性结论盲目增加比较；提升学生对统计理论的综合运用能力。

（时新富　赖颖斯）

第十节　协方差与相关系数

一、案例内容

（一）案例一

本案例以探究服从二元正态分布的两个变量的关系为例，通过模拟相关性分析实验，展示两个变量呈正相关或负相关线性趋势时，协方差和相关系数的含义。通过该实验加深学生对协方差、相关系数等基本概念的理解。

表2-4为一项关于体温和脉率关系的研究中，10名男性的体温（℃）和脉率（次/分）的数据，假设体温和脉率均服从正态分布，试分析体温和脉率的相关关系。若研究者不小心把数据记录错误，体温和脉率均扩大为原来的10倍，二者之间的关系会发生什么变化？若体温 X 变为原来的 a 倍，脉率 Y 变为原来的 b 倍呢？

表2-4 10名男性的体温和脉率

编号	1	2	3	4	5	6	7	8	9	10
体温 X/℃	36.2	36.8	36.4	36.7	37.2	37.5	36.5	37.0	36.5	35.9
脉率 Y/（次/分）	82	86	75	78	90	92	76	89	69	66

资料来源：Mackowiak P A，Wasserman S S，Levine M M. "A Critical Appraisal of 98.6°F, the Upper Limit of the Normal Body Temperature, and Other Legacies of Carl Reinhold August Wunderlich," *Journal of the American Medical Association*，1992，268 (12)：1578-1580。

先绘制体温和脉率的散点图，从趋势来看，体温低的人脉率低，体温高的人脉率高，说明体温和脉率之间可能存在正向的线性关系（如图2-17所示）。

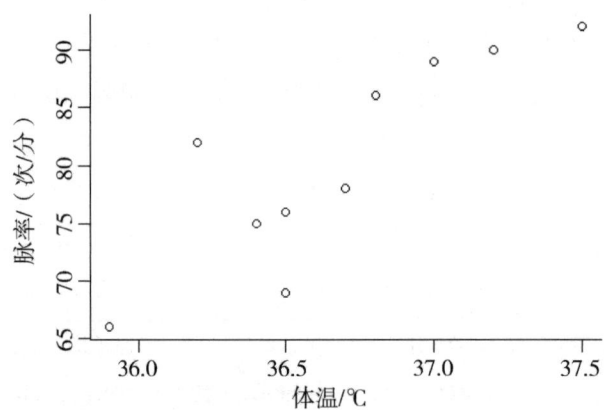

图2-17 10名男性体温和脉率的散点图

[资料来源：Mackowiak P A，Wasserman S S，Levine M M. "A Critical Appraisal of 98.6°F, the Upper Limit of the Normal Body Temperature, and Other Legacies of Carl Reinhold August Wunderlich," *Journal of the American Medical Association*，1992，268 (12)：1578-1580]

为定量描述上述两变量的相关程度，我们可以计算协方差(covariance)。协方差用于描述两个随机变量 X 和 Y 对均值的偏离程度，衡量偏离程度的相关性，计算公式如下：

$$\mathrm{Cov}(X,Y) = \frac{\sum_{i=1}^{n}(X_i - \overline{X})(Y_i - \overline{Y})}{n-1}$$

当协方差为正时，两个变量呈正相关（同增同减）；当协方差为负时，两个变量呈负相关（一增一减）。据此，分别计算出体温和脉率的均值，得 $\overline{X} = 36.67$，$\overline{Y} = 80.30$，在上述散点图中分别添加 $x = 36.67$ 和 $y = 80.30$ 两条直线，得到图 2-18。通过这两条直线将图像分为 4 个象限，可以看出，除了有两个点分别位于第二、四象限，其他点都位于第一、三象限，此时 x 离均差值和 y 离均差值同为正数或同为负数；再通过上述协方差公式，可得出该案例的协方差为 3.63，说明两个变量呈正相关关系。

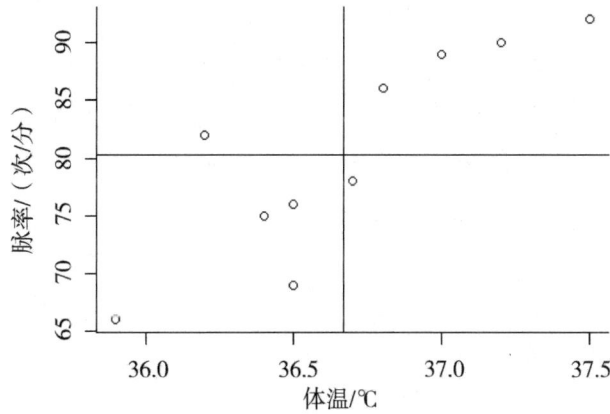

图 2-18　10 名男性体温和脉率的线性相关示意图

［资料来源：Mackowiak P A, Wasserman S S, Levine M M. "A Critical Appraisal of 98.6°F, the Upper Limit of the Normal Body Temperature, and Other Legacies of Carl Reinhold August Wunderlich," *Journal of the American Medical Association*, 1992, 268 (12): 1578-1580］

将体温和脉率都扩大为原来的 10 倍,通过协方差公式,计算得出 X 和 Y 都扩大 10 倍后的协方差为 363(即 $3.63 \times 10 \times 10$)。同理,若将 X 和 Y 分别扩大为原来的 a 倍和 b 倍,得出的协方差则是原来协方差的 ab 倍。可以看出,将数据扩大相应倍数后,协方差的正负没有改变,但是大小却发生了改变,说明协方差的数值会受 X 和 Y 数值大小的影响。因此,通过协方差的正负可以判断是正相关还是负相关,但不能直接用协方差值来反映相关的密切程度。

相关系数(correlation coefficient)是标准化 X 与 Y 后的协方差,通过标准化消除两个变量量纲和变化尺度的影响,可以同时反映线性相关的方向和密切程度,即两个变量单位变化上的相似程度。计算 Pearson 积矩相关系数的公式为:

$$r_{XY} = \frac{\mathrm{Cov}(X,Y)}{S_X S_Y}$$

根据上述公式,代入体温和脉率的标准差($S_X = 0.476$,$S_Y = 8.982$),得到 r_{XY} 为 0.85。将体温和脉率都扩大为原来的 10 倍,由 Pearson 积矩相关系数公式计算得到的相关系数 r_{XY} 不变。同理,将 X 和 Y 分别扩大为原来的 a 倍和 b 倍,得到的相关系数 r_{XY} 仍然不变。

(二)案例二

表 2-5 为某研究者观察 10 例怀孕 16 周时孕妇甘油三酯水平(mg/dL)和脂联素水平(μg/mL)的数据。假设在孕 16 周时孕妇的甘油三酯水平和脂联素水平均服从正态分布,试分析这两个变量间的相关关系。

表2-5　10例怀孕16周孕妇的甘油三酯水平和脂联素水平

编号	1	2	3	4	5	6	7	8	9	10
甘油三酯（μg/mL）	57.30	70.93	92.17	96.03	103.05	121.45	134.78	135.23	161.64	168.88
脂联素（mg/dL）	15.17	14.73	12.43	11.40	8.51	7.52	6.94	6.06	3.02	1.76

资料来源：Ritterath C, Rad N T, Siegmund T, et al. "Adiponectin During Pregnancy: Correlation with Fat Metabolism, but not with Carbohydrate Metabolism," *Arch Gynecol Obstet*, 2010, 281 (1): 91-96。

先绘制甘油三酯水平和脂联素水平的散点图（如图2-19所示），可以看出，甘油三酯水平高的孕妇，脂联素水平低；反之，甘油三酯水平低的孕妇，脂联素水平高。这说明甘油三酯水平和脂联素水平可能存在呈线性趋势的负相关关系。

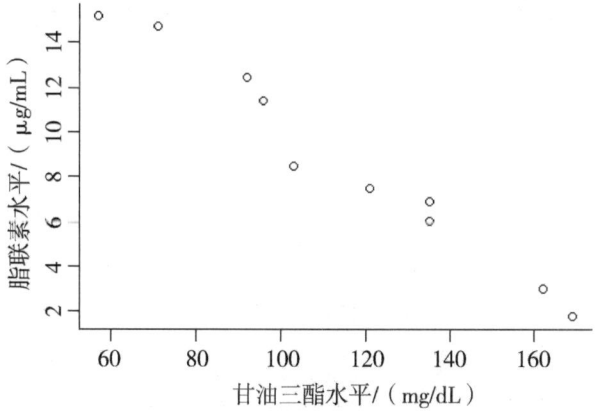

图2-19　10例怀孕16周孕妇的甘油三酯水平和脂联素水平的散点图

［资料来源：Ritterath C, Rad N T, Siegmund T, et al. "Adiponectin During Pregnancy: Correlation with Fat Metabolism, but not with Carbohydrate Metabolism," *Arch Gynecol Obstet*, 2010, 281 (1): 91-96］

分别计算出甘油三酯水平和脂联素水平的均值,得 $\bar{X}$ = 114.10,$\bar{Y}$ = 8.75,在上述散点图中分别添加 x = 114.10 和 y = 8.75 两条直线,得到图2-20。通过这两条直线将图像分为4个象限,可以看出,除了编号为5的个体位于第三象限,其他都位于第二、四象限,此时 x 离均差值和 y 离均差值的正负号相反;再通过协方差公式计算出协方差为 -167.97,说明两个变量呈负相关关系。

分别再计算出甘油三酯水平和脂联素水平的标准差,得 S_X = 36.949,S_Y = 4.611,通过 Pearson 积矩相关系数公式,计算出相关系数为 -0.99,说明怀孕16周孕妇的甘油三酯水平和脂联素水平呈高度负相关。

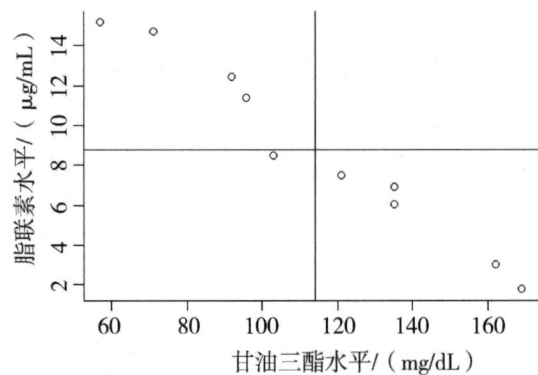

图2-20　10例怀孕16周孕妇的甘油三酯水平和脂联素水平的线性相关示意图

[资料来源:Ritterath C, Rad N T, Siegmund T, et al. "Adiponectin During Pregnancy: Correlation with Fat Metabolism, but not with Carbohydrate Metabolism," *Arch Gynecol Obstet*, 2010, 281 (1): 91-96]

二、案例分析

本节介绍了协方差和相关系数的关系，如何判断两个变量之间是否存在相关关系以及相关关系的方向和程度是需要重点学习与掌握的。教师在教学中通过医学案例加深学生对上述统计学概念理解和运用的同时，还可进一步拓展介绍协方差和方差的关系，促进学生对知识的融会贯通。在这一过程中，还可以融入求真务实、认真探索等德育元素，提升学生开展科学研究工作的专业素养。

（郑慧琼　樊鑫宇　廖　婧）

第十一节　随机抽样与随机分组

一、案例内容

本案例通过简单随机抽样展示样本均数与总体均数的关系，以及随机分组后组间特征均衡性的情况。通过此案例加深学生对随机抽样与随机分组的方法和原理的理解。

研究者收集了 A 医院患某种疾病的所有 100 名患者的基本信息，包括入院号、性别、年龄和身高（见表 2-6）。为了对样本进行进一步调查，我们以完全随机抽样的方法从这 100 名患者中抽取 10 名患者作为代表样本。这 100 名患者的平均年龄为 26 岁，男性比例为 50%，身高均数为 166.6 cm。

表 2-6　100 名患者的基本信息

入院号	性别	年龄/岁	身高/cm
1	男	14	165
2	女	15	155
3	女	15	164
4	女	15	155
5	男	16	175
6	男	16	174
7	女	17	110
8	女	17	165
9	女	17	158
10	男	18	172
11	女	19	160
…	…	…	…
96	女	37	162
97	女	37	156
98	男	38	174
99	男	40	175
100	女	43	158

采用统计软件的随机抽样过程产生随机数，从 100 名患者中随机抽取 10 名患者成为研究样本。第一次抽样获得的 10 个随机数为"24，25，47，57，92，60，62，55，18，29"（如图 2-21 所示）。

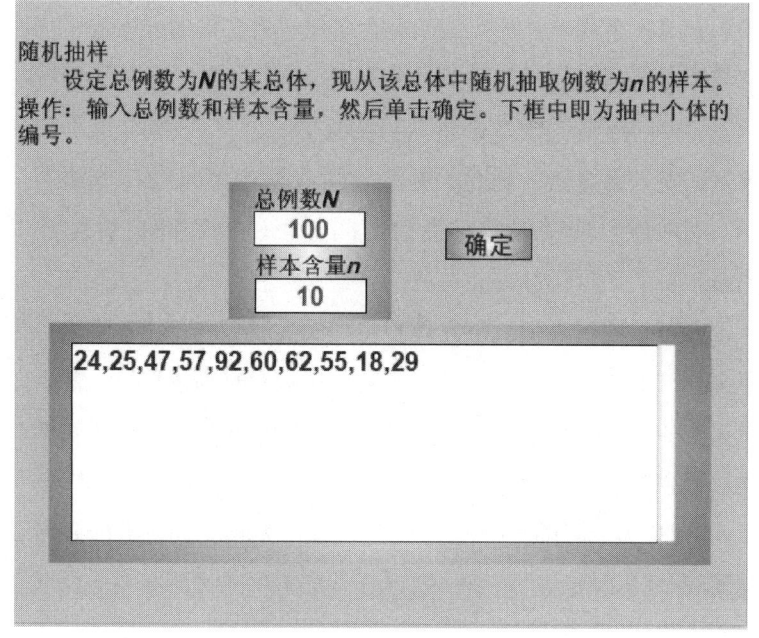

图 2-21　随机抽样结果示例

将入院号为以上号码的患者作为本次抽样样本。经计算，随机抽取的 10 名患者的平均身高为 164.9 cm。经过单样本的 t 检验后，发现该样本的平均身高与总体（即 100 名患者）的平均身高差异无统计学意义（$t=0.536$，$P>0.05$），且纳入样本的 10 名患者和总体的性别分布差异也无统计学意义（$P>0.05$）。

再尝试进行第二次抽样，获得的 10 个随机数与第一次抽样不同，为"1, 96, 23, 42, 60, 33, 75, 41, 77, 18"，选择入院号为第二次抽样号码的患者作为样本。经计算，第二次抽样的 10 名患者平均身高为 167.8 cm。虽然两次抽样的个体有变化，但经单样本的 t 检验后发现第二次抽样获得的 10 名患者的平均身高与 100 名患者的平均身高的差异仍无统计学意义（$t=0.439$，$P>0.05$）。

请班上的同学每人抽取一个上述随机抽样的样本,如果班上刚好有100名同学,那么大约有5名同学所获得的样本的平均身高与100名患者的平均身高有统计学差异,95名同学的无统计学差异。还可请同学基于所获得的样本,计算总体均数的95%置信区间。通过这一讨论,帮助学生在学习随机抽样方法的同时,直观理解抽样误差、置信区间、假设检验的含义和相互关系。

在另一项研究中,研究者拟将50名患者随机分为两组开展研究,首先收集包括入院号、性别、年龄和身高等信息,然后基于完全随机的方法将患者分为两组,每组25人,每组实施不同的治疗方案。

将50名患者随机分配为两组。第一次分组,两组的患者分配如图2-22所示。

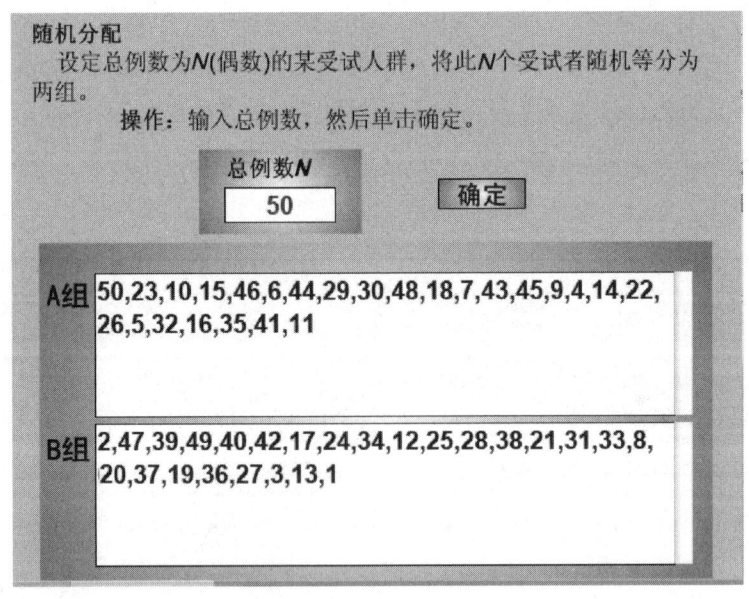

图2-22 第一次随机分组结果

经计算，获得两组的基本信息比较见表 2-7，经两个独立样本的 t 检验后发现两组患者的平均年龄和身高差异均无统计学意义，且经两个独立样本的卡方检验发现两组患者的性别差异也无统计学意义。这意味着随机分组后两组患者的基本信息达到均衡。

表 2-7　第一次随机分配后两组的基本信息比较

变量	A 组	B 组	检验统计量	P
年龄/岁	21	21	$t = 0.172$	0.864
男性占比/%	40.9	59.1	$\chi^2 = 1.299$	0.254
身高/cm	164.3	168.3	$t = 1.215$	0.230

同上再次操作，第二次随机分组后两组患者分配如图 2-23 所示。

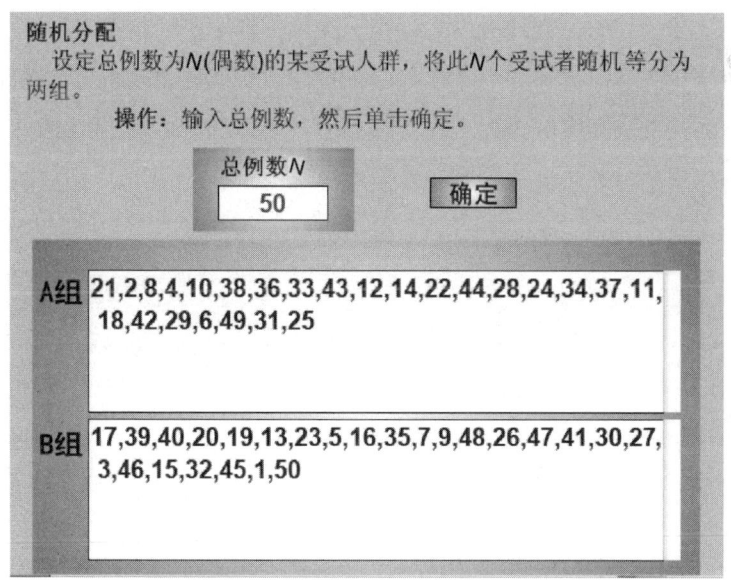

图 2-23　第二次随机分组结果

经计算，获得两组的基本信息比较见表 2-8，同样发现两组患者的年龄、性别和身高指标达到均衡。

表 2-8 第二次随机分配后两组的基本信息比较

变量	A 组	B 组	检验统计量	P
年龄/岁	21	21	$t=0.086$	0.932
男性占比/%	45.5	54.5	$\chi^2=0.325$	0.569
身高/cm	166.8	165.8	$t=0.273$	0.786

二、案例分析

随机抽样是获得具有代表性样本的研究设计基础，而随机分组是实验设计中能够获得组间均衡效果并检验处理效应的关键手段。在教学中，教师可以先以完全随机抽样为例，再拓展到整群抽样、系统抽样和分层抽样等随机抽样方法，并将随机分为两组的例子拓展到多组分配。在这些过程中强调随机分组的重要性，培养学生科学严谨的态度和批判性思维。

（郝　春）

第三章 统计学的医学应用与课程思政

第一节 麻醉剂氟烷风波:以统计学思维抽丝剥茧,辨明真相

一、案例内容

美国自 1958 年开始在外科手术中采用麻醉剂氟烷(Halothane),其具有稳定性高、副作用小等优点。截至 1962 年,美国大约 50% 的外科手术应用该麻醉剂。氟烷在被广泛使用的同时也产生了一些可疑的不良反应。1958 年,Virtue 和 Payne 指出,一名接受胆囊切除术的患者在接受氟烷麻醉后出现黄疸并死亡;同年,Burnap 等人同样记录了接受氟烷麻醉的患者在术后恢复过程中出现肝脏坏死。

氟烷是否会损害肝脏?是否应禁用于手术?要回答这些问题,需要将氟烷与其他常用麻醉剂进行比较,但其他麻醉剂与氟烷的肝毒性等副作用差异尚不清楚。为此,美国国家科学院决定进行回顾性调查(retrospective survey)。

当时使用氟烷的手术病例已超千万,不可能也不必全数调查。于是,美国国家科学院决定在有较完整病案资料的 34 家医

院中抽取1959—1962年的856,500个手术病例,采集个体资料,如年龄、性别、麻醉剂使用种类、术前状况、术后死亡情况等。收集到的病例中共有16,840例患者于术后6周内死亡,粗死亡率约为2%。之后,按照麻醉剂种类分组,氟烷、一氧化二氮-巴比妥酸盐(nitrous oxide-barbiturate)、环丙烷(cyclopropane)、乙醚(ether)和其他麻醉剂相应的粗死亡率分别为1.87%、1.49%、2.54%、1.35%和2.51%。是否由此可以推断氟烷的死亡风险与其他麻醉剂不同呢?

显然,死亡风险不仅与手术本身的危险性有关,还与年龄有关,在病情和手术相同的情况下,青少年的死亡率低,老年人的死亡率高。此外,死亡风险还与性别和医院等因素有关。不同麻醉剂的使用对象不同,因此直接比较上述粗死亡率并不能回答研究问题。这时,可以借助统计方法对混杂因素加以校正。假定各种麻醉剂的使用对象同年龄、同性别、具有相同的术前状况,并且在同一家医院采用相同的手术方式,其相应的死亡率会发生怎么样的变化?经过统计学校正,结果显示,氟烷、一氧化二氮-巴比妥酸盐、环丙烷、乙醚和其他麻醉剂相应的死亡率分别为1.92%、1.97%、2.77%、1.85%和2.58%。该结果说明,使用不同类型麻醉剂的手术后都有一小部分患者于术后6周内死亡,不同麻醉剂对应的死亡率水平差异并不悬殊,氟烷并不会增加患者的术后死亡风险。

二、案例分析

医学现象背后的影响因素错综复杂,如何透过现象辨明规律,需要坚持不懈地学习,遇到问题时善于思考,在日常生活中时刻注意培养自己善于钻研、敢于钻研的精神和科学思维。以美国对麻醉剂氟烷的研究为例,围绕"统计学概念及应用"设置案例讨论题目。通过案例讨论，让学生理解统计学的核心思想及其在医学研究中的重要性，掌握如粗死亡率等统计学名词概念，进而提高学生对医学统计学的兴趣，培养学生的统计思维和素养。

三、课堂讨论

（1）统计学的核心思想是什么？其步骤包括哪几步？
（2）粗死亡率和抽样调查的概念是什么？

参考文献

[1] 方积乾. 医学统计学与电脑实验［M］. 4 版. 上海：上海科学技术出版社，2012.

[2] 李晓松. 卫生统计学［M］. 8 版. 北京：人民卫生出版社，2017.

[3] 李晓松. 卫生统计学学习指导与习题集［M］. 北京：人民卫生出版社，2018.

（王　旭　谢今朝　罗　锐　顾　菁）

第二节　2004—2018 年中国老年居民慢性病死亡水平与变化趋势：常用相对数指标

一、案例内容

中国特色社会主义进入新时代，我国社会主要矛盾已转化为人民日益增长的美好生活需要和不平衡不充分的发展之间的矛盾。发展不平衡不充分问题已成为满足人民日益增长的美好生活需要的主要制约因素。发展不充分是指我国各领域当前的发展水平相对于发达国家和地区存在不足，我国目前发展的任务仍然很重。发展的主体是人民。

目前，我国的疾病负担以慢性非传染性疾病（简称"慢性病"）为主，其导致的死亡人数占总死亡人数的86.6%，疾病负担约占总疾病负担的70%。在反映发展不平衡不充分的基本特征的所有指标中，衡量中国平衡发展的健康指标十分重要。老年人不仅是患慢性病的主要人群，也是因慢性病导致死亡的主要人群。死因监测数据作为合理配置卫生资源的一项基础性资料，其衡量指标对评价地区居民总体健康水平具有重要作用。通过死因分析，可以实际测量在我国发展过程中，医疗卫生部分的不平衡不充分程度，监测其动态变化，并为宏观政策的制定提供依据。

根据中国疾病预防控制中心慢性非传染性疾病预防控制中心于2019年出版的《中国死因监测数据集（2019）》，下面将分析各年龄段不同性别的死亡率。将65岁及以上居民定义为老年居民。按照国家统计局分类方法，将监测点划分为东、中、西三部分，分别包括11、8、12个省（自治区、直辖市）；将监测点为县（包括县级市）的定义为农村，将监测点为区的定义为城市。慢性病包括肿瘤、内分泌营养和代谢疾病、循环系统疾病、呼吸系统疾病等，依据国际疾病分类（第10版）（ICD-10）进行疾病编码。依据2010年第六次全国人口普查的人口构成，采用直接标化法计算年龄标化死亡率。

1. 2004—2018年中国老年居民慢性病死亡情况

2004—2018年，我国老年居民慢性病粗死亡率从4435.49/10万降至3688.73/10万；不同性别、城乡和地区间慢性病粗死亡率均有所降低。2004—2018年，老年居民慢性病年龄标化死亡率从4697.05/10万降至3555.35/10万；男性年龄标化死亡率从 2004 年的 5675.37/10 万降至 2018 年的 4274.26/10 万，高于 2018 年女性年龄标化死亡率（2925.99/10 万）；农村年龄标化死亡率从 2004 年的 4763.56/10 万降至 2018 年的 3610.85/10 万，高于 2018 年城市年龄标化死亡率（3454.97/10 万）；2018 年，东部地区年龄标化死亡率为 3261.17/10 万，低于同年中部地区（3695.87/10 万）和西部地区（3940.68/10 万）（见表 3-1和表 3-2）。

表 3-1　2004—2018年中国分性别、分城乡65岁及以上老年居民慢性病粗死亡率与年龄标化死亡率

单位：(/10万)

年份	性别				城乡				合计	
	粗死亡率		年龄标化死亡率		粗死亡率		年龄标化死亡率		粗死亡率	年龄标化死亡率
	男性	女性	男性	女性	城市	农村	城市	农村		
2004	5109.13	3826.65	5675.37	3873.08	4254.11	4534.97	4587.11	4763.56	4435.49	4697.05
2005	5183.83	3996.16	5764.78	4013.34	4415.27	4632.16	4716.66	4870.29	4560.00	4812.63
2006	4380.03	3271.17	4884.85	3278.54	3699.45	3851.44	3966.78	4031.80	3796.09	4004.79
2007	4622.16	3411.11	5119.67	3403.72	3867.82	4056.87	4040.45	4266.52	3984.81	4179.76
2008	4654.89	3455.04	5135.67	3473.81	3554.90	4346.97	3677.27	4632.51	4028.35	4241.15
2009	4860.15	3560.55	5899.83	3923.78	3654.81	4540.68	4018.71	5414.65	4176.85	4801.85
2010	4829.99	3515.42	6143.55	4054.03	3581.40	4554.53	4315.54	5475.75	4137.67	4973.81
2011	4552.63	3147.10	5787.39	3578.31	3627.74	3899.39	4377.74	4602.11	3796.22	4516.06
2012	4620.37	3325.09	4844.68	3138.60	3603.16	4148.69	3537.13	4162.14	3932.07	3911.86
2013	4655.27	3565.36	4828.79	3286.52	3836.54	4206.69	3649.55	4177.68	4086.60	4003.25
2014	4632.87	3555.26	4730.82	3228.56	3970.57	4118.86	3792.33	3997.60	4071.61	3931.30

续表 3 – 1

年份	性别				城乡				合计	
	粗死亡率		年龄标化死亡率		粗死亡率		年龄标化死亡率		粗死亡率	年龄标化死亡率
	男性	女性	男性	女性	城市	农村	城市	农村		
2015	4679.31	3672.39	4785.21	3328.13	4018.74	4222.75	3856.82	4089.93	4156.36	4012.60
2016	4305.01	3356.73	4411.33	3043.93	3753.14	3836.02	3623.42	3712.86	3809.25	3680.35
2017	4339.49	3363.52	4437.28	3039.61	3757.39	3864.50	3616.05	3732.38	3829.36	3690.48
2018	4174.04	3243.41	4274.26	2925.99	3585.97	3740.44	3454.97	3610.85	3688.73	3555.35

资料来源：夏章、姜莹莹、董文兰等《2004—2018 年中国老年居民慢性非传染性疾病死亡水平与变化趋势》，载《中华流行病学杂志》2021 年第 3 期，第 499 – 507 页。

表3-2 2004—2018年中国分地区65岁及以上老年居民慢性病粗死亡率与年龄标化死亡率

单位：(/10万)

年份	粗死亡率			年龄标化死亡率			合计	
	东部	中部	西部	东部	中部	西部	粗死亡率	年龄标化死亡率
2004	4285.86	4801.95	4220.64	4442.14	5331.97	4390.69	4435.49	4697.05
2005	4412.30	4941.34	4330.62	4511.72	5527.39	4521.34	4560.00	4812.63
2006	3819.53	4175.79	3256.66	3894.28	4695.73	3378.72	3796.09	4004.79
2007	3923.09	4288.85	3686.20	3944.98	4783.44	3866.02	3984.81	4179.76
2008	3837.66	4361.68	3925.88	3808.98	4932.70	4224.43	4028.35	4241.15
2009	4055.91	4427.41	4048.93	4440.30	5264.05	4846.92	4176.85	4801.85
2010	3979.67	4445.78	4004.95	4577.76	5367.38	5176.22	4137.67	4973.81
2011	3605.08	4072.59	3746.21	4080.09	4931.07	4771.96	3796.22	4516.06
2012	3692.20	4265.87	3896.37	3520.82	4314.95	4061.81	3932.07	3911.86
2013	4096.61	4201.83	3913.10	3815.52	4213.12	4043.96	4086.60	4003.25
2014	3968.92	4235.30	4029.85	3656.18	4171.63	4104.91	4071.61	3931.30

续表 3-2

年份	地区							合计	
	粗死亡率			年龄标化死亡率				粗死亡率	年龄标化死亡率
	东部	中部	西部	东部	中部	西部			
2015	4162.44	4284.25	3988.78	3824.01	4204.94	4080.41		4156.36	4012.60
2016	3789.00	3924.28	3692.87	3492.65	3852.25	3775.00		3809.25	3680.35
2017	3663.20	3947.30	3963.88	3382.82	3868.86	4040.83		3829.36	3690.48
2018	3530.82	3783.12	3842.11	3261.17	3695.87	3940.68		3688.73	3555.35

资料来源：夏章、姜莹莹、董文兰等《2004—2018 年中国老年居民慢性非传染性疾病死亡水平与变化趋势》，载《中华流行病学杂志》2021 年第 3 期，第 499－507 页。

2. 2004—2018 年中国老年居民慢性病死亡构成比变化趋势

2004—2018 年,我国老年居民慢性病死亡构成比从 2004 年的 89.82% 上升至 2018 年的 91.41%,同时,在不同性别、城乡、地区中,老年居民慢性病死亡构成比均呈上升趋势(见表 3-3)。

表 3-3 2004—2018 年中国分性别、分城乡、分地区 65 岁及以上老年居民慢性病死亡构成比

单位:%

年份	性别		城乡		地区			合计
	男性	女性	城市	农村	东部	中部	西部	
2004	90.30	89.25	90.09	89.68	90.02	90.24	88.89	89.82
2005	90.44	89.35	90.51	89.62	90.08	90.35	89.10	89.93
2006	90.51	89.16	91.04	89.27	89.31	91.31	88.76	89.89
2007	90.64	89.39	90.23	89.98	89.33	90.97	90.06	90.07
2008	91.08	89.81	90.42	90.55	89.55	91.64	90.53	90.51
2009	91.42	90.17	90.62	90.99	90.25	91.62	90.79	90.86
2010	91.60	90.47	90.45	91.48	90.32	91.86	91.30	91.09
2011	91.64	90.64	90.96	91.33	90.68	92.03	90.83	91.20
2012	91.55	90.54	90.78	91.28	90.17	92.23	90.98	91.10
2013	91.78	91.14	90.98	91.71	90.81	92.13	91.78	91.49
2014	91.95	91.21	91.40	91.71	91.14	92.04	91.82	91.61
2015	91.99	91.18	91.45	91.69	91.17	92.20	91.57	91.62
2016	91.88	91.11	91.31	91.63	90.92	92.22	91.58	91.52
2017	91.77	91.09	91.16	91.59	90.75	92.23	91.56	91.45
2018	91.75	91.01	91.03	91.59	90.52	92.27	91.73	91.41

资料来源:夏章、姜莹莹、董文兰等《2004—2018 年中国老年居民慢性非传染性疾病死亡水平与变化趋势》,载《中华流行病学杂志》2021 年第 3 期,第 499-507 页。

二、案例分析

没有全民健康，就没有全面小康。人人享有健康，是全人类的共同愿景。案例中，2004—2018年15年间我国老年居民慢性病总体粗死亡率、年龄标化死亡率均呈下降趋势，表明其死亡状况有所好转。近年来，国家高度重视慢性病防控，出台了许多政策与措施，提出把人民健康放在优先发展的战略地位。《健康中国行动（2019—2030年）》专门针对心脑血管疾病、肿瘤、慢性呼吸系统疾病和糖尿病四类重大慢性病规划了防治行动，老年人群作为慢性病患者的主体是慢性病防治的重要对象。把健康融入国家政策，推进健康中国建设，我国早在2009年就将高血压、糖尿病等慢性病管理和老年人健康管理纳入基本公共卫生服务项目。这些政策与措施对慢性病防控起到了积极作用，有利于实现慢性病的防治结合，减少因慢性病导致的死亡。

我们在计算和运用相应卫生统计指标时，需要辩证地考虑矛盾的普遍性与特殊性的关系。一方面，要正确计算总体情况，力求真实地综合反映客观事实，避免不同个体或群体产生主观认识、主观感受的偏差，这是矛盾的普遍性；另一方面，为确切呈现事物发展过程中的矛盾在其总体上、相互联结上的特殊性，要合理分类，分别计算和运用不同类别、不同群体的健康水平，充分暴露过程中矛盾各方面的特殊性，以满足不同分析目的，最终暴露事物发展过程的本质。就本案例而言，2004—2018年15年间我国老年居民在不同性别、城乡和地区的慢性病粗死亡率、年龄标化死亡率均呈下降趋势，反映出我国近年来国家医疗改革的重心在于医疗服务的可及性和公平性：在《"健康中国2030"规划纲要》的指导下，从多个角度、不同层面制定慢性病预防策略，因地制宜制定适合本地区老年人的慢性病防治措施，并针对不同省份的重点慢性病进行有侧重的防治，使得不同区域基础医疗卫生资源供给水平差距不断缩小。

三、课堂讨论

（1）可以运用什么指标对定性资料进行描述？其中常用的指标有哪些？

（2）某地户籍居民死因数据显示：2019年人口总数为181,978人，其中男性89,326人，女性92,652人。共报告死亡1,159例，其中男性631例，女性528例；恶性肿瘤总死亡人数为387例，其中男性216例，女性171例。计算该地2019年恶性肿瘤死因死亡率与死亡构成比（包括总体及各性别）。

（3）在比较各个组间多个率时，实施标准化的目的和意义是什么？

参考文献

［1］李晓松. 卫生统计学［M］. 8版. 北京：人民卫生出版社，2017.

［2］夏怡凡. 统计学课程思政案例集［M］. 成都：西南财经大学出版社，2021.

［3］夏章，姜莹莹，董文兰，等. 2004—2018年中国老年居民慢性非传染性疾病死亡水平与变化趋势［J］. 中华流行病学杂志，2021，42（3）：499－507.

［4］张菊英. 医学统计学实习指导［M］. 3版. 北京：高等教育出版社，2014.

（张楠祥　张晋昕）

第三节　中国学龄儿童青少年身体活动和体质健康研究：区间估计和假设检验

一、案例内容

根据世界卫生组织报告，2016 年全球儿童青少年超重或肥胖人数高达 3.4 亿人，儿童青少年肥胖已成为全球性的公共卫生问题。2017 年发布的《中国儿童肥胖报告》显示，1985—2014 年，我国 7 岁及以上学龄儿童肥胖率由 0.5% 增至 7.3%，超重率由 2.1% 增至 12.2%，相应肥胖、超重人数也由 615 万人增至 3,496 万人。根据预测结果，若不采取有效的干预措施，到 2030 年，7 岁及以上学龄儿童超重及肥胖的检出率将高达 28.0%，人数将增至 4,948 万。《中国居民营养与慢性病状况报告（2020 年）》显示，中国 6—17 岁的儿童青少年超重肥胖率接近 20%，6 岁以下的儿童超重肥胖率达到 10%。

肥胖不仅会严重影响儿童青少年的身体健康，如引发高血压、胰岛素抵抗、非酒精性脂肪肝病、血脂代谢异常和阻塞性睡眠呼吸暂停等，也会导致儿童青少年自尊心低、焦虑、抑郁，甚至自杀等严重的心理问题和社会问题。超重和肥胖常可以通过体质指数（body mass index，BMI）进行判定，BMI = 体重 ÷ 身高^2（kg/m^2）。中国肥胖问题工作组（the Working Group on Obesity in China，WGOC）于 2003 年 11 月发布了"中国学龄儿童超重、肥胖筛查 BMI 分类标准"（见表 3-4）。

表 3-4 中国学龄儿童青少年超重、肥胖筛查 BMI 分类标准

单位：kg/m²

年龄/岁	超重		肥胖	
	男性	女性	男性	女性
7	17.4	17.2	19.2	18.9
8	18.1	18.1	20.3	19.9
9	18.9	19.0	21.4	21.0
10	19.6	20.0	22.5	22.1
11	20.3	21.1	23.6	23.3
12	21.0	21.9	24.7	24.5
13	21.9	22.6	25.7	25.6
14	22.6	23.0	26.4	26.3
15	23.1	23.4	26.9	26.9
16	23.5	23.7	27.4	27.4
17	23.8	23.8	27.8	27.7
18	24.0	24.0	28.0	28.0

资料来源：中国肥胖问题工作组《中国学龄儿童青少年超重、肥胖筛查体重指数值分类标准》，载《中华流行病学杂志》2004 年第 2 期，第 97-102 页。

中国学龄儿童青少年身体活动和体质健康研究（physical activity and fitness in China—the youth study，PAFCTYS）是一项年度性的，针对我国学龄儿童青少年身体活动和体质健康展开调查与测试的研究项目。研究在每年的 9—12 月开展，采用多阶段分层整群抽样方法，抽取我国 31 个省市自治区及新疆生产建设兵团的学龄儿童和青少年。第一阶段，在我国 22 个省、5 个自治区、4 个直辖市以及新疆生产建设兵团中分别抽取 4 个地级行政区，每个地级行政区中抽取 1 个区和 1 个县级行政区（直辖市抽取 8 个行政区）；第二阶段，在每个区或县级行政单位抽取 2 所小学、1 所初中和 1 所高中；第三阶段，在每所小学抽取 4—6

年级学生,每年级抽取1~2个班级的30名学生,男女各半,每所初中和高中在每年级抽取1~2个班级的60名学生,男女各半。

研究采用2016—2018年PAFCTYS的数据进行分析,发现2016—2018年我国学龄儿童青少年的总体平均BMI(kg/m^2)为19.4(95%置信区间:16.1~22.7),其中男生总体平均BMI(kg/m^2)为19.7(95%置信区间:16.2~23.2),女生总体平均BMI为19.1(95%置信区间:16.0~22.2),见表3-5。学龄儿童青少年每天"中等到剧烈体力活动"(moderate-to-vigorous-intensity physical activity,MVPA)时间的平均水平(均值±标准差)为49.8±31.2分钟/天,其中男生为51.9±31.3分钟/天,女生为48.0±30.9分钟/天,见表3-6。(注:《中国儿童青少年身体活动指南》所推荐的儿童青少年每天中等到剧烈体力活动时间不得少于60分钟。)

表3-5 男女、各学段、城乡儿童青少年平均BMI(均值±标准差)

单位:kg/m^2

	总体	小学	初中	高中
总体	19.4±3.3	18.1±3.1	20.0±3.2[a]	21.1±3.0[b,c]
男生	19.7±3.3	18.5±3.3	20.1±3.5[a]	21.3±3.3[b,c]
女生	19.1±3.3[*]	17.7±2.8[*]	19.9±2.9[*,a]	20.9±2.7[*,b,c]
居住地				
城市	19.6±3.4	18.3±3.2	20.3±3.3[a]	21.3±3.1[b,c]
男生	20.0±3.7	18.8±3.4	20.5±3.6[a]	21.7±3.4[b,c]
女生	19.2±3.2[*]	17.8±2.9[*]	20.0±3.0[*,a]	21.0±2.7[*,b,c]
乡村	19.2±3.2[#]	17.8±2.9[#]	19.6±3.0[#,a]	20.9±2.8[#,b,c]
男生	19.3±3.3[#]	18.1±3.1[#]	19.5±3.2[#,a]	20.9±3.1[#,b,c]
女生	19.1±3.0[*,#]	17.5±2.7[*,#]	19.6±2.7[*,#,a]	20.8±2.6[*,#,b,c]

注：

*：$P<0.001$，男生与女生相比，在一般线性模型中调整年龄；

a：$P<0.001$，小学生与初中生相比，在一般线性模型中调整性别；

b：$P<0.001$，小学生与高中生相比，在一般线性模型中调整性别；

c：$P<0.001$，初中生与高中生相比，在一般线性模型中调整性别；

#：$P<0.001$，城市儿童青少年与乡村儿童青少年相比，在一般线性模型中调整性别和年龄。

资料来源：朱政《中国9—17岁儿童青少年身体活动与体质健康的流行病学研究》（学位论文），上海体育学院2021年。

表3-6　男女、各学段、城乡儿童青少年每天中等到剧烈体力活动时间（均值±标准差）

单位：分钟/天

	总体	小学	初中	高中
总体	49.8±31.2	53.0±31.5	50.9±30.9[a]	41.2±29.9[b,c]
男生	51.9±31.3	54.1±31.5	53.3±31.2[a]	44.7±30.0[b,c]
女生	48.0±30.9*	52.0±31.6*	48.7±30.4*,[a]	37.9±28.3*,[b,c]
居住地				
城市	50.5±31.2	53.9±31.6	51.3±30.8[a]	40.3±28.7[b,c]
男生	52.7±31.3	55.1±31.5	54.1±31.2[a]	44.4±29.6[b,c]
女生	48.5±31.0*	52.9±31.6*	48.8±30.2*,[a]	36.3±27.2*,[b,c]
乡村	49.0±31.1[#]	51.5±31.4[#]	50.3±30.9[#,a]	42.1±42.2[#,b,c]
男生	50.8±31.2[#]	52.5±31.4[#]	52.3±31.1[#,a]	45.1±30.5[#,b,c]
女生	47.3±30.9*,[#]	50.6±31.4*,[#]	48.5±30.6*,[#,a]	39.6±29.2*,[#,b,c]

注：

*：$P<0.001$，男生与女生相比；

a：$P<0.001$，小学生与初中生相比；

b：$P<0.001$，小学生与高中生相比；

c：$P<0.001$，初中生与高中生相比；

#：$P<0.001$，城市儿童青少年与乡村儿童青少年相比。

资料来源：朱政《中国9—17岁儿童青少年身体活动与体质健康的流行病学研究》（学位论文），上海体育学院2021年。

二、案例分析

该案例可用作"区间估计"和"假设检验"的课堂案例。在区间估计部分，可基于案例提出具体的研究问题，例如"2016—2018 年我国学龄儿童青少年的总体平均 BMI（kg/m^2）的估计"。通过对研究问题的分析，深入学习总体均数置信区间的估计方法和置信区间的概念。在假设检验部分，可基于案例提出具体的研究问题，例如"2016—2018 年我国学龄儿童青少年每天 MVPA 时间是否低于《中国儿童青少年身体活动指南》推荐标准（60 分钟/天）？"。通过对研究问题的分析，深入学习假设检验的基本思想和基本步骤。

此外，通过课程案例学习使预防医学专业的学生认识"儿童青少年肥胖"这一重要的公共卫生问题，宣扬"青春爱运动，健康强中国"的积极人生观和价值观，树立牢固的专业思想。也可通过案例讨论，向学生介绍我国的《"十四五"国民健康规划》。《"十四五"国民健康规划》确定了七项工作任务，包括全方位干预健康问题和影响因素，普及健康生活方式，要求到 2025 年我国经常锻炼的人数比例达到 38.5%。

参考文献

[1] 李颂婷，钟燕. 体成分与儿童青少年肥胖的相关研究进展 [J]. 中国儿童保健杂志，2020，28（2）：161-164.

[2] 李晓松. 卫生统计学 [M]. 8 版. 北京：人民卫生出版社，2017.

[3] 国务院办公厅. 国务院办公厅关于印发"十四五"国民健康规划的通知 [EB/OL]. (2022-04-22) [2022-12-30]. https://www.gov.cn/gongbao/content/2022/content_5695039.

htm?eqid=d3ef0b2b00017cf1000000036485ca84.

［4］国家卫生健康委疾病预防控制局. 中国居民营养与慢性病状况报告（2020年）［M］. 北京：人民卫生出版社，2021.

［5］马冠生，米杰，马军. 中国儿童肥胖报告［M］. 北京：人民卫生出版社，2017.

［6］朱政. 中国9—17岁儿童青少年身体活动与体质健康的流行病学研究［D］. 上海：上海体育学院，2021.

［7］中国肥胖问题工作组. 中国学龄儿童青少年超重、肥胖筛查体重指数值分类标准［J］. 中华流行病学杂志，2004（2）：97-102.

［8］中国儿童青少年身体活动指南制作工作组. 中国儿童青少年身体活动指南［J］. 中国循证儿科杂志，2017，12（6）：401-409.

［9］World Health Organization. Obesity and overweight［EB/OL］.（2021-06-09）［2022-12-30］. https：//www.who.int/en/news-room/fact-sheets/detail/obesity-and-overweight.

（陈　锋　尹　嵘　陈　雯）

第四节　易地扶贫搬迁：卡方检验

一、案例内容

2021年2月25日，习近平总书记在全国脱贫攻坚总结表彰大会上指出："脱贫攻坚战的全面胜利，标志着我们党在团结带领人民创造美好生活、实现共同富裕的道路上迈出了坚实的一大步。同时，脱贫摘帽不是终点，而是新生活、新奋斗的起点。解决发展不平衡不充分问题、缩小城乡区域发展差距、实现人的全面发展和全体人民共同富裕仍然任重道远。"① 2022 年，在党中央、国务院的坚强领导下，经过各有关地区和部门的共同努力，960 万易地搬迁脱贫群众的后续帮扶成效显著：就业稳中向好，一直保持较高水平；收入持续增加，连年实现较快增长。

为了评估易地扶贫搬迁新居民的就业质量，研究人员在贵州省范围内选取了部分易地扶贫搬迁规模达 2000 人以上的安置区进行随机抽样调查，调查范围包括毕节、安顺、铜仁、黔南、黔西南和黔东南等地州市。使用卡方（交叉）检验来研究接受工作技能培训和新市民个体特征之间的差异关系，以考察培训服务对象的覆盖面（见表 3–7）。

表 3–7 接受工作技能培训与新市民个体特征的关系

个体特征		搬迁以来，是否接受过工作技能培训/人		总计/人 ($N=796$)	χ^2	P
		是（$N=304$）	否（$N=492$）			
年龄	16～30 岁	88 (28.95%)	216 (43.90%)	304 (38.19)		
	31～45 岁	98 (32.24%)	134 (27.24%)	232 (29.15)	18.316	<0.001
	46 岁及以上	118 (38.82%)	142 (28.86%)	260 (32.66)		

---

① 习近平：《在全国脱贫攻坚总结表彰大会上的讲话（2021 年 2 月 25 日）》，见中国政府网（https://www.gov.cn/xinwen/2021–02/25/content_5588869.htm?gov）。

续表 3-7

个体特征		搬迁以来，是否接受过工作技能培训/人		总计/人 ($N=796$)	χ^2	P
		是 ($N=304$)	否 ($N=492$)			
民族	少数民族	172 (56.58%)	342 (69.51%)	514 (64.57)	13.739	<0.001
	汉族	132 (43.42%)	150 (30.49%)	282 (35.43)		
文化程度	小学及以下	147 (48.36%)	220 (44.72%)	367 (46.11)	10.659	0.014
	初中毕业	84 (27.63%)	115 (23.37%)	199 (25.00)		
	高中或中专	33 (10.86%)	47 (9.55%)	80 (10.05)		
	大专及以上学历	40 (13.16%)	110 (22.36%)	150 (18.84)		

资料来源：王菊《易地扶贫搬迁新市民就业质量指标与评价分析》，载《安顺学院学报》2022年第1期，第102-110页。

党和政府一直以提高搬迁脱贫群众收入为基本诉求，以提升搬迁脱贫群众及其安置点内生发展动力作为主攻方向，以分区分类精准施策为原则，促进大型搬迁安置区与新型城镇化融合发展，高质量推进；促进中小型农村安置点成为乡村振兴的示范样板，抓紧抓牢抓实就业帮扶、产业发展、社区治理、社会融入、设施提升等重点工作，坚守住不发生规模性返贫的底线，保障搬迁群众的生产生活，为助推脱贫地区高质量发展如期完成中国式现代化奠定坚实基础。

二、案例分析

以本研究为案例,围绕"R×C 交叉表数据适用的卡方检验类型及 χ^2 分割的基本思想"设置案例讨论题目。通过案例讨论,让学生理解卡方检验的思想,掌握这一类型的统计分析方法。此外,通过了解案例背景信息,让学生体会党对全面建成小康社会的决心和信心,坚持全心全意为人民服务的宗旨是党对人民做出的庄严承诺。

三、课堂讨论

(1)该案例应选用哪一类型的统计分析方法?得到的结果如何?

(2)讨论卡方检验的适用条件、Fisher 精确检验的适用场景。

参考文献

[1]韩啸,刘沛东. 2022 年全国易地扶贫搬迁后续扶持工作取得明显成效[N]. 农民日报,2023 - 03 - 10 (7).

[2]王菊. 易地扶贫搬迁新市民就业质量指标与评价分析[J]. 安顺学院学报,2022,24 (1):102 - 110.

[3]习近平. 在全国脱贫攻坚总结表彰大会上的讲话(2021 年 2 月 25 日)[EB/OL]. (2021 - 02 - 25)[2022 - 12 - 30]. http://news. youth. cn/sz/202102/t20210225_12729944. htm.

(杨聪慧　廖　婧)

第五节 大骨节病的病因探索：
完全随机设计的方差分析

一、案例内容

大骨节病（Kashin-Beck disease，KBD）是一种严重危害居民身体健康的地方病，其基本病变是骺板软骨和关节软骨的变形与坏死，导致干骺端早闭、骨端膨大。该病的发病人群主要是生长期的儿童。在我国，大骨节病在从东北到西南的狭长地带上呈灶状分布，严重影响儿童和青少年的生长发育。大骨节病还可造成骨关节病变，严重者会出现短指、短肢、身体矮小等症状。关于大骨节病的病因假设有 40 余种，主要分为以下三类：生物化学地球说、饮水中有机物中毒说和粮食中真菌毒素中毒说。近年来，我国关于大骨节病的研究取得了许多进展，涵盖的范围包括大骨节病的分布与病情、病因研究和防治效果等。由于这些研究成果以及党与政府对大骨节病的高度重视，该病的防治取得了显著成效。

经过长年研究，硒缺乏被认为是大骨节病的可能诱因。我国的大骨节病防治专家们曾对 2 个大骨节病区（甘肃渭源县、山东青州市）和 2 个非大骨节病区（山东泰安市泰山区、山东济南市长清区）的面粉中硒含量（μg/kg）进行调查。本案例将通过对该部分数据进行分析，展示完全随机设计的单因素方差分析的具体步骤。调查数据见表 3-8。

表3-8 4个地区面粉中硒元素含量

单位：μg/kg

地区	渭源县 大骨节病区 A	青州市 大骨节病区 B	泰山区 非大骨节病区 A	长清区 非大骨节病区 B
硒元素含量	66.51 48.17	52.04 53.16	75.00 105.71	98.69 80.56
	37.10 42.71	61.71 40.68	52.70 84.55	85.62 105.67
	52.27 58.97	64.58 43.94	99.43 84.40	77.57 107.56
	62.63 57.12	64.17 56.48	97.69 98.41	82.23 104.93
	72.80 54.91	57.13 68.75	89.35 76.44	96.16 76.15
	46.32 71.01	51.79 61.05	72.06 80.35	105.51 79.32
	56.48 43.92	47.72 64.68	110.50 112.94	103.42 84.06
	67.91 48.74	50.92 50.54	83.87 84.33	98.22 93.12
	74.81 62.13	33.93 67.79	77.07 77.92	83.72 62.23
	63.08 54.63	51.31 69.30	74.86 74.82	104.54 91.73

资料来源：李晓松《卫生统计学》，人民卫生出版社2017年版。

对4个地区的面粉中硒含量水平进行比较。假设检验的具体步骤如下：

（1）建立检验假设，确定检验水准。

H_0：$\mu_1 = \mu_2 = \mu_3 = \mu_4$，即4个地区面粉中硒元素含量无差异。

H_1：$\mu_1 \neq \mu_2 \neq \mu_3 \neq \mu_4$，即4个地区面粉中硒元素含量不全相等，$\alpha = 0.05$。

（2）计算检验统计量。

方差分析见表3-9，计算得到检验统计量 $F = 46.188$，$P < 0.001$。

表3-9 4个地区面粉中硒元素含量比较的方差分析

变异来源	离均差平方和 SS	自由度 ν	均方 MS	F	P值
组间变异	20415.012	3	6805.004	46.188	<0.001
组内变异	11197.215	76	147.332		
总变异	31609.660	79			

资料来源：李晓松《卫生统计学》，人民卫生出版社2017年版。

(3) 确定 P 值，做出统计推断。

软件得到 $P<0.001$，按照检验水准 $\alpha=0.05$，拒绝 H_0，接受 H_1，差异有统计学意义，可以认为4个地区面粉中硒元素含量不全相等，即至少有2个地区的面粉中硒元素含量不相等。

(4) 多个均数的两两比较。

要进一步分析哪些地区的面粉中硒元素含量存在差异，可采用方差分析的多重比较方法，如 SNK 法用于对任意两个地区进行比较，Bonferroni 法则用于对检验水准进行调整从而控制多重比较时犯 I 类错误的概率。

在本案例中，采用 Bonferroni 法对4个地区面粉中硒元素含量的水平进行比较。4 组间两两进行比较，共需要比较6次，Bonferroni 法多重比较结果见表3-10。结果表明，渭源县和青州市2个大骨节病区面粉中的硒元素含量低于泰山区和长清区2个非大骨节病区，相同类型病区之间差异无统计学意义，与研究假设相符。

表 3 – 10　Bonferroni 法多重比较结果

地区	硒含量/（μg/kg）($\bar{x} \pm s$)	Bonferroni 法多重比较 P 值			
		渭源县	青州市	泰山区	长清区
渭源县	57.11 ± 10.60	—	0.960	<0.001	<0.001
青州市	55.58 ± 9.75		—	<0.001	<0.001
泰山区	85.62 ± 14.77			—	0.436
长清区	90.55 ± 12.79				—

资料来源：李晓松《卫生统计学》，人民卫生出版社 2017 年版。

针对硒在大骨节病中的作用，我国开展了以"换粮、搬迁、补硒及大力发展经济作物、增加农牧民收入等"为核心的综合防治措施。2018 年 11 月 29 日，国家卫生健康委员会等十部门联合印发《地方病防治专项三年攻坚行动方案（2018—2020年）》，将基本消除大骨节病危害作为目标之一。2018—2019 年，我国实施儿童营养改善项目，通过移民搬迁改善生活质量，增加城乡医疗救助补助资金，对贫困地区给予倾斜支持。在 2021 年全国大骨节病防治工作研讨会上，中国疾病预防控制中心的专家表示，经过多年的有效防控，379 个大骨节病病区县均实现了消除目标，全国已连续两年无儿童新发病例。防控成果得益于党与政府对大骨节病防治的高度重视，以及不断进步的科学技术。

二、案例分析

以大骨节病调查数据作为案例，围绕"完全随机设计的方差分析的基本原理、适用情形和结果解读"设置案例讨论题目。通过案例讨论，让学生了解医学统计学在医学研究中的重要作用，掌握方差分析的基本思想，提升综合运用统计学方法的能力。同时，通过对大骨节病背景和我国大骨节病发病的分布特征、相关防控政策的介绍,让学生了解我国在大骨节病防控方面的重大进展。

三、课堂讨论

(1) 该案例的研究假设和最终得到的结论是什么?

(2) 请根据表3-9阐述本案例所用统计学方法的基本原理。

(3) 该案例中使用的统计学方法需要满足哪些基本假设?如何进行检验?

参考文献

[1] 李群伟. 大骨节病防控:目前形势和任务 [J]. 中国地方病防治杂志, 2019, 34 (1): 1-3.

[2] 李群伟. 关于大骨节病病因研究的探讨 [J]. 泰山医学院学报, 2010, 31 (5): 396-398.

[3] 李晓松. 卫生统计学 [M]. 8版. 北京: 人民卫生出版社, 2017.

(皇甫恒骞　何韵婷　林爱华　赖颖斯)

第六节　贝叶斯公式在医学诊断中的应用

一、案例内容

艾滋病又称获得性免疫缺陷综合征(acquired immunodeficiency syndrome, AIDS),是一种由反转录病毒即人类免疫缺陷病毒（human immunodeficiency virus，HIV）所致的传染性疾病，通过血液或体液传播，导致机体进行性免疫抑制，从而引起以各种严重的机会性感染、肿瘤或其他危及生命的功能失调为特征的临床综合征。艾滋病的主要表现是对各种机会性感染、肿瘤和畸形的免疫反应逐渐完全丧失。由于可用的治疗药物和治疗方法很少，艾滋病对于全世界的公共卫生和人口健康仍然是巨大的挑战。某研究显示，大量高感染风险人群都没有接受 HIV 检测，且接近一半的非急性期传播都是由那些不知道自己感染状况的人造成的。因此，艾滋病的检测对于艾滋病的防治非常重要。

已知某种艾滋病检测技术的灵敏度为 99.9%，特异度为 99.99%。思考以下问题：

（1）某人群 HIV 携带者的比例为 0.01%，若随机抽取一个人，其检测结果为阳性的概率是多少？

根据问题，某人检测结果为阳性的概率可以分解为该人携带 HIV 且检测结果为阳性的概率，以及该人不携带 HIV 且检测结果为阳性的概率，即：

P(HIV 检测结果为阳性) = P(携带 HIV 且 HIV 检测结果为阳性) + P(不携带 HIV 且 HIV 检测结果为阳性)

上述公式也称为全概率公式（将求解 HIV 检测结果为阳性概率的问题转化为在不同情况下发生的概率求和问题）。再根据概率乘法原则 $P(A 且 B) = P(A)P(B/A)$，可以分别计算出：

P(携带 HIV 且 HIV 检测结果为阳性) = P(携带 HIV) × P(HIV 检测结果为阳性 / 携带 HIV) = 0.01% × 99.9%，

其中，P(携带 HIV) 为人群 HIV 携带者的比例，P(HIV 检测结果为阳性/携带 HIV) 为灵敏度。同理可得：

P(不携带 HIV 且 HIV 检测结果为阳性) = P(不携带 HIV) × P(HIV 检测结果为阳性 / 不携带 HIV)
= [1 − P(携带 HIV)] × (1 − 特异度)

$= (1 - 0.01\%) \times (1 - 99.99\%)$

最终得出 P（HIV 检测结果为阳性）为 0.02%，即 HIV 检测结果为阳性的全概率。

(2) 在问题（1）里提到的人群中随机抽取一个人并且其检测结果为阳性，那么这个人实际携带 HIV 的可行性有多大？

我们需要求出在已知某个人检测结果为阳性的条件下，实际为 HIV 携带者的概率，即 P（携带 HIV/HIV 检测结果为阳性）。根据概率乘法原则 $P(A 且 B) = P(A)P(B/A) = P(B)P(A/B)$，可以得到：

P(携带 HIV 且 HIV 检测结果为阳性) $= P$(携带 HIV) $\times$

P(HIV 检测结果为阳性 / 携带 HIV)

$= P$(HIV 检测结果为阳性) $\times P$(携带 HIV/HIV 检测结果为阳性)

经转换可得：

$$P\left(\frac{携带 HIV}{HIV 检测结果为阳性}\right) = \frac{P(携带 HIV) \times P\left(\frac{HIV 检测结果为阳性}{携带 HIV}\right)}{P(HIV 检测结果为阳性)}$$

$$= \frac{人群 HIV 携带者的比例 \times 灵敏度}{P(HIV 检测结果为阳性)}$$

代入数据计算，最终得出 P（携带 HIV/HIV 检测结果为阳性）为 49.98%。该公式就是贝叶斯公式。

(3) 有另一人群为 HIV 感染高危人群，已知该人群中 HIV 携带者的比例是 10%。在该人群中随机抽取一个人，其检测结果为阳性，那么该人是 HIV 携带者的可行性有多大？

将先验信息高危人群中 HIV 携带者的比例为 10% 代入贝叶斯公式，得出结果为 99.91%。

(4) 回到问题（1）中的人群，某人携带 HIV 的可能性通过第一次检测结果更新了信息，他第二次的检测结果仍为阳性，那么这个人是 HIV 携带者的概率是多少？

根据贝叶斯公式：

$$P\left(\frac{\text{携带 HIV}}{\text{HIV 检测结果为阳性}}\right) = \frac{P(\text{携带 HIV}) \times P\left(\frac{\text{HIV 检测结果为阳性}}{\text{携带 HIV}}\right)}{P(\text{HIV 检测结果为阳性})}$$

此时先验信息 P（携带 HIV）更新为 49.98%，计算得出 P（携带 HIV/第二次 HIV 检测结果为阳性）为 99.99%。

二、案例分析

通过医学实例 HIV 携带者的筛检作为教学案例，引导学生利用条件概率公式和全概率公式，推导出贝叶斯公式。在全概率公式中，如果将 A 看成是结果，B_i 看成是导致结果发生的诸多原因之一，那么全概率公式就是一个"由原因推结果"的公式。但贝叶斯公式却恰恰相反。贝叶斯公式反映的则是在知道结果 A 已经发生了的条件下，反过来研究造成结果发生的原因，是 B_i 这个原因造成的可能性有多大，该公式是一个"由结果推原因"的逆概率公式。由因导果和执果索因都是解决问题的常见思路。

贝叶斯公式结合先验信息、样本数据和已知规律，得出更接近于真实情况的后验结果。先验信息不同，得到的后验结果可能不同；而通过数据的不断更新，对事物的认知也不断更新、不断接近真实情况。不断总结的经验，就是先验信息，而勇于探索实践，就是通过不同的探索、更新数据，从而能更清楚地认知事物本质。同时，它也与我国汉代学者桓宽非常出名的一句话"明者因时而变，知者随事而制"有相似之处。在实际中，贝叶斯公式不只是课本上的知识，也能真正应用于医学领域。

参考文献

[1] ROMERO R A, KLAUSNER J D, MARSCH L A. et al. Technology-delivered intervention strategies to bolster HIV testing [J]. Current HIV/AIDS reports, 2021, 18 (4): 391-405.

[2] XU B, LI J, WANG M. Epidemiological and time series analysis on the incidence and death of AIDS and HIV in China [J]. BMC public health, 2020, 20 (1): 1906.

(皇甫恒骞　黄思月　赖颖斯)

第七节 "尼古丁退出"试验：贝叶斯统计推断

一、案例内容

2018 年，Marcus Bendtsen 在 *Journal of Medical Internet Research* 中发表了《零假设检验与贝叶斯分析的比较——对两项随机对照试验的再分析》（"A Gentle Introduction to the Comparison Between Null Hypothesis Testing and Bayesian Analysis：Reanalysis of Two Randomized Controlled Trials"）。在文章中他通过对尼古丁退出（Nicotine Exit，NEXit）试验进行重新分析，对比了传统的零假设显著性检验方法（null hypothesis significance testing，NHST）以及贝叶斯分析方法对 NEXit 试验干预效果的评价。

吸烟可导致 60 多种疾病，每年可造成近 800 万人死亡，是全球重要的可预防的健康危险因素和死亡原因。越早开始吸烟，对尼古丁上瘾的风险以及因吸烟而患上疾病的风险就越高。因此，需要增加干预措施并制订有效的计划，以控制年轻吸烟者等干预措施覆盖较少人群的吸烟行为。针对年轻人群体，手机特别是短信成了行为干预的新途径。

NEXit 试验：基于短信文本服务的瑞典大学生戒烟干预有效性的评估。该试验是一项单盲、双臂且基于文本消息的戒烟干预随机临床试验，于 2014 年 10 月至 2015 年 4 月期间进行。几乎瑞典所有的大学生都收到电子邮件被邀请参加该试验。符合条件的参与者是愿意戒烟的每日或每周吸烟的学生，被随机分配到立即干预组（试验组）或延迟干预组（对照组）。

通过电子邮件，在1周内对符合条件的参与者发送参与邀请。本试验干预期分为激励阶段及核心干预阶段。激励阶段为期1～4周，在此期间参与者可以自行设定戒烟终止日期。核心干预阶段为期12周，由157条短信组成。试验组的参与者在第一周每天收到4～5条短信，在随后的干预期间收到的短信数量逐渐减少。当参与者有吸烟、复吸的想法或忧虑时，可以请求额外的短信。对照组的参与者则自行戒烟。此外，试验组和对照组均会每2周收到一次感谢他们参与试验的短信。在干预结束4周之后进行随访，以评估干预的短期效果。

本试验的主要结局指标是"Russell 标准"定义的戒烟后长期戒烟率（在过去8周内吸烟不超过5支）和时点戒烟率（在过去4周内完全没有吸烟）。NEXit 试验中的1590名参与者中，试验组的783名（94.7%）参与者和对照组的719名（94.2%）参与者对主要结局的随访做出了回应。

1. NEXit 试验的零假设显著性检验

表3-11给出了使用 Logistic 回归模型确定的两个主要结果测量的优势比（odds ratio，OR）的最大似然估值、95%置信区间（confidence interval，CI）和 P 值。可以发现，干预措施对戒烟率没有影响（$OR=1$）的零假设被拒绝（$P<0.05$）。零假设显著性检验方法采用最大似然来估计固定的总体优势比，其95%置信区间的解释是，如果我们多次进行 NEXit 试验，得到多个置信区间，理论上有95%的置信区间会包含总体优势比。

表 3-11　NEXit 试验原始分析（NHST 方法）

结局	OR	95% CI	P 值
长期戒烟率	2.05	1.58～2.66	≤0.001
时点戒烟率	1.57	1.19～2.05	0.001

资料来源：Bendtsen M. "A Gentle Introduction to the Comparison Between Null Hypothesis Testing and Bayesian Analysis: Reanalysis of Two Randomized Controlled Trials," *Journal of Medical Internet Research*, 2018, 20 (10): e10873。

2. NEXit 试验的贝叶斯分析

贝叶斯方法分配了先验分布给未知参数，此处给所有未知参数分配均匀先验，以计算后验分布，结果如图 3-1 所示：图 3-1 (a) 为干预组相比于对照组长期戒烟率 OR 的后验分布；图 3-1 (b) 为干预组相比于对照组时点戒烟率 OR 的后验分布。如果 OR 为 1，则干预无效；如果 OR 小于 1，则有负面影响；如果 OR 大于 1，则有积极的影响。同时可分别计算 OR 大于 1.0、1.5、2.0 和 2.5 的概率（见表 3-12）。从后验分布可以得出，干预很可能对两个结果均产生积极影响，因为后验分布中 OR 大于 1 的概率超过 99.99%。同时，OR 大于 1.5 的概率也超过了 99%。干预组在干预过去 8 周内吸烟不超过 5 支的 OR 大于 2.0 的概率超过 50%，而 OR 大于 2.5 的概率大大降低。

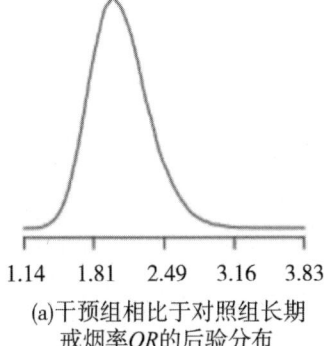
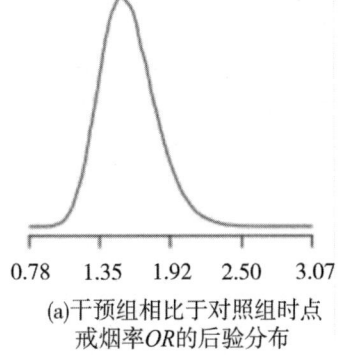

(a)干预组相比于对照组长期戒烟率OR的后验分布　　(a)干预组相比于对照组时点戒烟率OR的后验分布

图3-1　OR的后验分布

[资料来源：Bendtsen M. "A Gentle Introduction to the Comparison Between Null Hypothesis Testing and Bayesian Analysis: Reanalysis of Two Randomized Controlled Trials," *Journal of Medical Internet Research*, 2018, 20 (10): e10873]

表3-12　特定阈值下OR的后验概率

单位:%

结局	OR			
	>1.0	>1.5	>2.0	>2.5
长期戒烟率	>99.99	99.05	57.37	7.05
时点戒烟率	99.96	62.50	4.19	0.054

资料来源：Bendtsen M. "A Gentle Introduction to the Comparison Between Null Hypothesis Testing and Bayesian Analysis: Reanalysis of Two Randomized Controlled Trials," *Journal of Medical Internet Research*, 2018, 20 (10): e10873。

二、案例分析

传统的统计推断专注于理解在给定抽样分布和 OR 的不同假设总体值的情况下能得到所收集到的数据的可能性有多大。分析的结果是关于在给定预定义阈值的情况下我们可以和不能反驳哪些假设的信息，通常只能说明干预措施的效应不为零。贝叶斯方法则没有说明统计显著性，而是提出："OR 的每个值的概率有多大？"它不依赖于重复实验来创建抽样分布，而是根据我们所收集到的数据来推断 OR 的概率，得到的结果也不是单个值，而是 OR 所有可能值的分布，从而加深研究人员对干预效果的了解。

最后，根据贝叶斯统计推断的过程，即运用先验知识与样本知识相结合以获取后验概率的过程，得知今日的后验是明日的先验。这引出人们对事物的认知是一种"实践—认识—再实践—再认识"的动态认知过程，即通过不断地运用新获得的数据与信息来调整我们先前的知识和观点的哲学原理。教育学生运用辩证思维看待医学的发展规律至关重要。今天被认为正确的观点可能在未来被推翻。因此，在科学研究中，学生需要具备敢于创新的勇气，不断地探索并解决医学实践中所遇到的问题。

参考文献

[1] BENDTSEN M. A gentle introduction to the comparison between null hypothesis testing and bayesian analysis: reanalysis of two randomized controlled trials [J]. Journal of medical internet research, 2018, 20 (10): e10873.

[2] MÜSSENER U, BENDTSEN M, KARLSSON N, et al. Effectiveness of short message service text-based smoking cessation intervention among university students: a randomized clinical trial [J]. Journal of the American medical association internal medicine, 2016, 176 (3): 321-328.

（皇甫恒骞　黄思月　赖颖斯）

第八节 相关与回归分析在健康管理科研中的应用

一、案例内容

党和政府高度重视地方病的防治工作。自 2000 年以来，国家接连发布了"十一五""十二五"和"十三五"全国地方病防治规划，于 2018 年制定了《地方病防治专项三年攻坚行动方案（2018—2020 年）》。大骨节病（Kashin-Beck disease，KBD）是一种多发于儿童和青少年群体的慢性、地方性、变形性的骨关节病，在我国其病区主要分布在川藏高原到东北的狭长地带，范围涉及甘肃、四川、陕西、青海、西藏等 15 个省份和自治区。经过近十年的不懈努力，我国在 KBD 的防治上取得了历史性成就，截至 2021 年底，我国 379 个大骨节病病区县均达到控制或消除标准。

脱氧雪腐镰刀菌烯醇（deoxynivalenol，DON）是粮食中常见的一类污染性的真菌毒素。在某团队进行的一项探索大骨节病与 *DON* 关系的研究中，发现大骨节病病区食用粮食中 *DON* 含量明显高于非病区。为进一步探索粮食中的 *DON* 含量与大骨节病患者骨关节炎得分（osteoarthritis points，OAP）二者之间的关系，研究者测量了 38 名患者骨关节炎得分及其主食样品中 *DON* 含量（μg/g），数据见表 3–13。

表 3-13 38 名大骨节病患者 OAP 与粮食中 DON 含量

患者编号	DON 含量 /(μg/g)	OAP /分	患者编号	DON 含量 /(μg/g)	OAP /分	患者编号	DON 含量 /(μg/g)	OAP /分
1	0.00	14.15	14	187.89	7.20	27	289.54	11.18
2	0.00	11.13	15	74.78	9.27	28	306.31	19.10
3	0.00	7.25	16	74.67	14.10	29	327.23	11.15
4	0.00	5.19	17	86.09	9.26	30	358.32	11.13
5	0.00	4.15	18	75.89	2.20	31	389.22	19.12
6	0.00	3.29	19	116.33	5.27	32	419.35	20.05
7	0.00	2.26	20	128.58	5.26	33	426.85	21.33
8	0.00	0.01	21	178.42	9.19	34	426.90	19.18
9	28.76	3.27	22	177.38	13.24	35	458.04	17.09
10	48.54	3.34	23	204.63	16.15	36	468.34	20.01
11	57.94	4.28	24	215.99	14.16	37	577.52	24.24
12	69.18	7.20	25	206.90	0.03	38	588.95	19.06
13	225.41	14.16	26	247.29	5.17	—	—	—

资料来源：李晓松《卫生统计学》，人民卫生出版社 2017 年版。

进行相关性分析：

第一步：绘制散点图。由图 3-2 可知，OAP 与粮食中 DON 含量存在正向线性变化趋势。

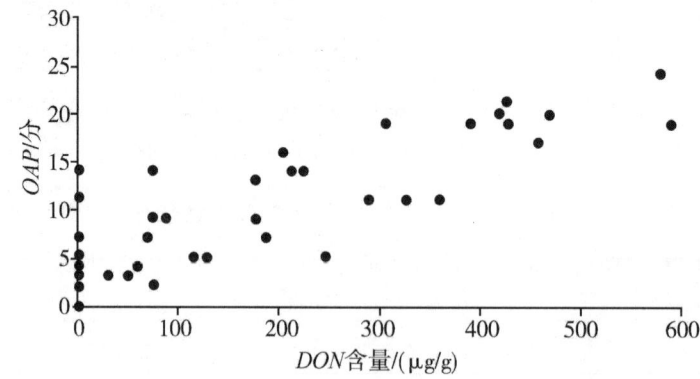

图 3-2 患者 OAP 与粮食中 DON 含量的散点图

（资料来源：李晓松《卫生统计学》，人民卫生出版社 2017 年版）

第二步：计算相关系数。由表3–13的数据计算得到相关系数$r = 0.7863$。

第三步：估计总体相关系数ρ的95%置信区间。利用总体相关系数ρ的$1 - \alpha$置信区间计算公式，得到其95%置信区间为$[0.6233, 0.8838]$。

第四步：检验相关系数是否具有统计学意义。

（1）建立检验假设，确定检验水准。

H_0：$\rho = 0$，即 OAP 与 DON 含量之间无直线相关关系。

H_1：$\rho \neq 0$，即 OAP 与 DON 含量之间存在直线相关关系。

$\alpha = 0.05$。

（2）计算检验统计量。

由表3–13知$n = 38$，计算得到$r = 0.7863$，由t统计量计算公式，得到：

$$t_r = \frac{0.7863}{\sqrt{\frac{1 - 0.7863^2}{38 - 2}}} = 7.6359$$

（3）确定P值，做出判断。

根据自由度$v = 38 - 2 = 36$，查t界值表得双侧$P < 0.001$，故拒绝H_0，即相关系数有统计学意义，可认为 OAP 与 DON 含量之间存在直线相关关系。

进行回归分析：

第一步：绘制散点图。由图3–3可知，粮食中 DON 含量越高，则 OAP 越高，两个变量呈线性趋势。

第二步：前提条件的探讨。

（1）线性（line）：由第一步绘制的散点图可知两个变量呈线性趋势。

（2）独立（independence）：结合专业知识可知，本案例中的个体之间是相互独立的。

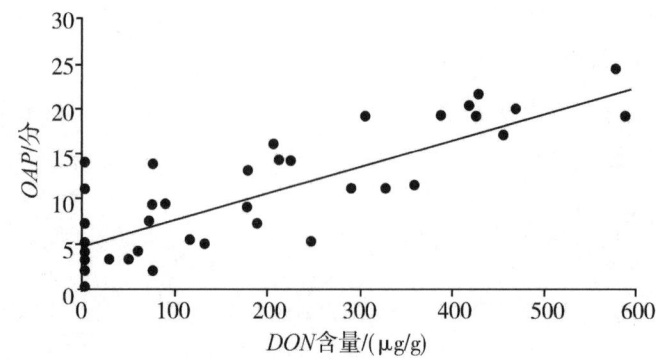

图 3-3 患者 OAP 和粮食中 DON 含量带直线的散点图

（资料来源：李晓松《卫生统计学》，人民卫生出版社 2017 年版）

（3）正态（normal）：通过绘制残差图，观察发现标准化残差在 $y=0$ 附近均匀分布，故认为数据同时满足正态性及下面第（4）点等方差的条件。

（4）等方差（equal variance）。

第三步：通过最小二乘法得到回归直线的斜率和截距，由此写出回归直线的方程为：$\hat{y} = 4.7856 + 0.0297x$。

第四步：β_1 的 95% 置信区间估计。由 β_1 的置信区间计算公式计算得到其 95% 置信区间为 [0.0218，0.0376]。

第五步：对回归方程作假设检验（以 t 检验为例）。

（1）建立假设检验，确定检验水准。

H_0：$\beta_1 = 0$，即 OAP 与 DON 含量之间无直线回归关系。

H_1：$\beta_1 \neq 0$，即 OAP 与 DON 含量之间存在直线回归关系。

（2）计算检验统计量。

由表 3-13 计算得到 $b_1 = 0.0297$，$S_{y \cdot x} = 4.1970$，$S_{b_1} = 0.0039$，计算得到：

$$t_{b_1} = \frac{b_1}{S_{b_1}} = \frac{0.0297}{0.0039} = 7.6154$$

$$v = n - 2 = 36$$

(3) 确定 P 值，做出推断。

根据 $v=36$ 和 $t_{b_1}=7.6154$，查 t 界值表得 $P<0.001$，故拒绝 H_0，即回归方程有统计学意义。

二、案例分析

以探究 DON 含量与 OAP 这一研究为例，围绕"散点图的应用、相关系数的分类和应用、直线回归的应用、关联与因果的判断"设置案例讨论题目，通过上述实验教学让学生掌握相关与回归分析的基本技能。同时，通过案例讨论引出学生对关联的思考，并辨析性地理解直线回归的知识，识别相关与回归分析中的一些陷阱，以及实际分析过程中容易犯的错误，培养学生的思辨意识及探索精神。

三、课堂讨论

(1) 正向关联和负向关联的含义是什么？
(2) 如何通过散点图判断两个变量之间关系的强度？
(3) 相关分析方法有哪些？有何区别？
(4) 解释直线相关系数时需要注意什么内容？
(5) 如何判断相关与因果？
(6) 相关分析与回归分析的区别是什么？

参考资料

[1] 程志浩，李宏田，刘建蒙. 相关分析和回归分析在健康管理科研中的应用 [J]. 中华健康管理学杂志，2020（14）：492-496.

[2] 李晓松. 卫生统计学 [M]. 8 版. 北京：人民卫生出

版社，2017.

[3] 刘辉，高彦辉，申红梅，等. 我国重点地方病"十三五"防治进展及"十四五"防治工作探析 [J]. 中华地方病学杂志，2022（3）：176-179.

[4] 叶龙杰. "一切为了人民健康"：汇聚健康中国前行的强大力量 [N]. 健康报，2022-09-30（1）.

[5] 张立毅，林剑浩. 大骨节病的治疗方法及研究进展 [J]. 中华地方病学杂志，2021（3）：248-252.

（尤心怡　蔡宇琪　李菁华）

第九节　新型农村合作医疗政府投入与效果：直线回归

一、案例内容

新型农村合作医疗（简称"新农合"）是我国为解决农民的基本医疗卫生问题所实施的医疗保障制度，在保障农民获得基本卫生服务方面发挥了巨大的作用。同时，新农合也为发展中国家解决卫生经费问题提供了一个范本，不仅在国内受到广大农民群众的欢迎，并且在国际上也得到了好评。2003年，新农合医疗制度开始在全国的一些县市进行试点，至2010年基本实现了覆盖全国农村居民。

建立和完善农村医疗保障制度，是农村发展的一项基础性工作。这项工作有助于减轻农民的医疗经济负担，从根本上打破疾病与贫困之间的恶性循环，是消除农村贫困的重要制度安排。李红霞等人发表在《社区医学杂志》的文章《甘肃省新型农村合作医疗政府投入与效果回归分析》，收集了甘肃省 2008—2016 年的新农合数据报表，分析了甘肃省新型农村合作医疗政府投入与各项效果指标的回归关系。

以政府投入总成本（X）为自变量，新农合制度效果（Y）为因变量（见表 3-14）建立回归模型，结果见表 3-15 和表 3-16。以参合率（Y_1）为例，$F=37.871$，$P=0.001$，显示该模型具有显著性，调整的 R^2 为 0.820，表示政府投入总成本可以解释参合率 82.0% 的变异。此外，参合率的回归系数为 0.012，$P=0.001$，表明政府投入总成本对参合率的影响具有统计学意义。其他新型农村合作医疗的效果指标的分析方法同理。

表 3-14　甘肃省新型农村合作医疗政府投入与效果各指标简介

变量名称	变量代码	定义或计算方法	数据来源
政府投入总成本/（元/人）	X	政府平均为每名参合农民投入的资金额	$X_1 + X_2$
政府人均筹资金额/（元/人）	X_1	对每名参合农民各级政府筹集的农合基金合计金额	政府部门相关文件
基金管理费/（元/人）	X_2	新型农村合作医疗管理委员会小公室工作人员工资及各项支出	以人均筹资总金额 1% 估计
效果	Y	新农合政策的效果	$y_1 \sim Y_{11}$
参合率/%	Y_1	参合人数/应参合人数 ×100%	政府部门相关文件
住院率/%	Y_2	住院人次数/参合人数 ×100%	新农合管理中心提供
住院次均补偿金额/元	Y_3	住院补偿总金额/住院人次数	新农合管理中心提供

续表 3-14

变量名称	变量代码	定义或计算方法	数据来源
门诊率/%	Y_4	门诊人次数/参合人数×100%	新农合管理中心提供
门诊次均补偿金额/元	Y_5	门诊补偿总金额/门诊人次数	新农合管理中心提供
乡村级医疗机构门诊患者所占比例/%	Y_6	乡村级医疗机构门诊人次数/门诊人次数×100%	新农合管理中心提供
住院患者县内诊疗率/%	Y_7	县乡级医疗机构住院人次数/住院人次数×100%	新农合管理中心提供
县内医疗机构住院补偿金额所占比例/%	Y_8	县乡级医疗机构住院患者补偿金额合计/住院补偿金额合计×100%	新农合管理中心提供
农民住院补偿费用占可支配收入的比例/%	Y_9	每人次住院平均可报销费用/农民年可支配收入×100%	新农合管理中心提供
住院实际补偿比/%	Y_{10}	每人次平均住院可报销费用/每人次住院患者平均住院费用×100%	新农合管理中心提供
门诊实际补偿比/%	Y_{11}	每人次门诊平均可报销费用/每人次门诊患者平均费用×100%	新农合管理中心提供

资料来源：李红丽、王震、郑亚君等《甘肃省新型农村合作医疗政府投入与效果回归分析》，载《社区医学杂志》2018年第21期，第1578-1582页。

表3-15 甘肃省新型农村合作医疗政府投入与效果的回归分析结果1

模型		方差分析结果		系数		
因变量	自变量	F值	P值	β	t值	P值
Y_1		31.871	0.001	0.012	5.645	0.001
Y_2		225.587	<0.001	0.023	15.020	<0.001
Y_3		468.910	<0.001	5.399	21.653	<0.001
Y_4		51.780	<0.001	0.633	7.196	<0.001
Y_5		0.797	0.035	0.037	2.607	0.035
Y_6	X	1.693	0.234	-0.441	-1.301	0.234
Y_7		2.270	0.176	-0.014	-1.507	0.176
Y_8		16.071	0.005	-0.043	-4.009	0.005
Y_9		17.155	0.004	-0.069	-4.142	0.004
Y_{10}		38.109	<0.001	0.042	6.173	<0.001
Y_{11}		5.094	0.059	0.086	2.257	0.059

资料来源：李红丽、王震、郑亚君等《甘肃省新型农村合作医疗政府投入与效果回归分析》，载《社区医学杂志》2018年第21期，第1578-1582页。

表3-16 甘肃省新型农村合作医疗政府投入与效果的回归分析结果2

因变量	自变量	R^2	常数项	斜率值
Y_1		0.820	93.873	0.012
Y_2		0.970	3.690	0.023
Y_3		0.985	885.293	5.399
Y_4		0.881	-17.305	0.633
Y_5	X	0.493	16.943	0.037
Y_8		0.697	63.466	-0.043
Y_9		0.710	98.278	-0.069
Y_{10}		0.845	46.843	0.042

资料来源：李红丽、王震、郑亚君等《甘肃省新型农村合作医疗政府投入与效果回归分析》，载《社区医学杂志》2018年第21期，第1578-1582页。

取表 3-15 中有统计学意义的模型，呈现直线回归方程的相关结果（见表 3-16），其揭示了政府每增加 1 元对参合农民的投入对多个指标产生的影响。这些影响包括参合率提高 0.012%，住院率提高 0.023%，住院次均补偿金额提高 5.399 元，门诊率提高 0.633%，县内医疗机构住院补偿金额所占比例降低 0.043%，门诊次均补偿金额提高 0.037 元，农民住院可报销费用占可支配收入的比例降低 0.069%，以及住院实际补偿比提高 0.042%。这一系列指标的变化表明政府资金的增加对于改善参合农民的医疗保障具有积极的效果。

政府投入的增加不仅有助于降低农民的医疗费用负担，还提高了新农合制度的可持续性和风险承受能力。政府的资金注入增加了新农合的筹资总额，从而降低了筹资的难度，提高了医疗公平性。此外，补偿比例的提高也减轻了参合农民的就医负担，鼓励他们采纳"早检查、早发现、早治疗"的就医模式，以更好地满足合理的医疗需求。自新农合制度建立以来，筹资水平持续增加，新农合的保障能力不断增强，参合群众的医疗待遇水平持续提升，同时新农合基金的抗风险能力也得到改善。

二、案例分析

以甘肃省新型农村合作医疗政府投入与效果回归分析为案例，围绕"直线回归的统计推断"，设置案例讨论题目。通过案例讨论，让学生了解直线回归的统计推断在研究中的重要作用，掌握回归方程的假设检验及其方差分析。同时，通过对我国新型农村合作医疗制度的介绍，让学生了解我国医保制度的优势，培养学生的爱国情怀和社会责任感。

三、课堂讨论

（1）直线回归的统计推断需满足什么条件？

（2）回归分析的方法步骤是什么？

（3）如何评价回归方程的拟合效果？

参考文献

[1] 李红丽，王震，郑亚君，等. 甘肃省新型农村合作医疗政府投入与效果回归分析 [J]. 社区医学杂志，2018，16（21）：1578-1582.

[2] 李晓松. 卫生统计学 [M]. 8版. 北京：人民卫生出版社，2017.

（皇甫恒骞　赖颖斯）

第十节　中国心血管疾病一、二级预防研究：Logistic 回归

一、案例内容

心血管疾病（cardiovascular diseases，CVDs）是导致我国居民期望寿命下降、因病致贫、因病返贫的主要疾病，已经成为威胁我国居民健康的重大公共卫生问题之一。近几十年来，中国在 CVD 的诊断和治疗措施方面取得了极大成果，但在 CVD 的预防方面仍存在可及性不足问题，且可及性存在性别差异。

2020年，心血管领域著名期刊 *Circulation* 发表了马长生教授

团队的一篇文章，这是我国第一项通过性别视角量化我国城乡 CVD 一级预防和二级预防措施效果的研究。该研究于 2014 年 6 月至 2016 年 12 月，对中国 7 个地区（东北、华北、西北、华东、华中、华南和西南）≥45 岁的成年人进行了一项基于社区的横断面调查。研究根据中国 CVD 预防指南中推荐的 PAR CVD 风险模型（prediction for ASCVD risk in China），将 CVD 高风险者和 CVD 患者两组人群作为研究对象，分性别研究其预防用药和危险因素控制的情况。

该研究通过 Logistic 回归评估 CVD 高风险组和 CVD 患者组预防用药和危险因素控制措施中的性别差异。将 CVD 高风险组预防用药（降压药、降血脂药和抗血小板药）和危险因素控制（血压 <130/80 mmHg、低密度脂蛋白胆固醇 <2.6 mmol/L、正常体重、不吸烟和体育锻炼）定义为一级预防（在疾病尚未发生时针对致病因素或危险因素采取的根本性预防措施）；CVD 患者组预防用药和危险因素控制定义为二级预防（在疾病临床前期为防止或者延缓疾病发展、促使疾病逆转、缩短病程或防止其转为慢性状态而采取的措施）。回归模型调整了社会人口学和临床相关的协变量，包括年龄、性别、居住区域（城市或农村）、地区（省份）、教育水平、家庭收入、保险状况、职业以及糖尿病、血脂异常、高血压和心力衰竭疾病史。通过在回归模型中添加性别与不同分组变量的交互项，检验不同亚组之间的关联异质性（研究对象的 CVD 类型：患者与高风险者；年龄：<65 岁与 ≥65 岁；居住区域：城市与农村；教育水平：低于大学、大学或更高）。该研究将男性作为参照组，报告女性的调整后优势比（odds ratios, ORs）和 95% CI。分析中均采用双侧检验，$P<0.05$ 时具有统计学意义。

一共有来自 39 个社区（14 个城市社区，25 个农村社区）的 64,893 人参与此调查，其中 47,841 人（73.7%）完成调查。

对 5,454 名 CVD 患者和 9,552 名 CVD 高风险者的分析发现,我国男性和女性人群中,CVD 一级和二级预防措施的实施仍不理想(如图 3-4 所示)。例如男性、女性 CVD 高风险者中服用降压药者占比分别为 36.3%、44.4%,不足 50%;男性、女性 CVD 患者中服用降压药者占比分别为 46.7%、39.5%,亦不足 50%。此外,农村居民的 CVD 一级预防措施的实施不理想,尤其是在预防性药物的使用方面(如图 3-5 所示),如农村男性、农村女性 CVD 高风险者中服用降压药者占比分别为 26.2%、28.9%,不足各性别高风险者总量的 1/3。同时,女性和男性在 CVD 一、二级预防措施的实施方面存在很大差异,特别是患有 CVD 的女性不太会服用指南推荐的药物($OR=0.62$,$95\% CI$ 为 $0.52\sim0.73$),且 CVD 高风险的女性与男性相比,对血压($OR=0.46$,$95\% CI$ 为 $0.38\sim0.55$)、低密度脂蛋白胆固醇($OR=0.60$,$95\% CI$ 为 $0.52\sim0.69$)或体重($OR=0.55$,$95\% CI$ 为 $0.48\sim0.63$)的控制情况较差(如图 3-4 所示)。当前,迫切需要有效的心血管疾病预防策略以改善 CVD 患者及 CVD 高风险人群的健康状况。

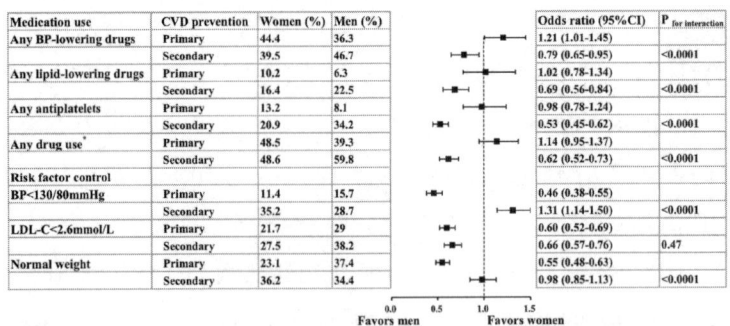

图 3-4　CVD 高风险组和 CVD 患者组一、二级预防中的性别差异

注：对应的 Logistic 回归方程为：$logit(\pi) = \ln(odds) = \beta_0 + \beta_1 x_{gender} + \beta_2 x_{CVD} + \beta_3 x_{gender} * x_{CVD} + \beta_i x_i$。（$OR$, 95% CI）女性的调整后优势比，用以评估性别与预防用药（抗血小板药、降脂药物、降压药物）和危险因素控制之间的关联。其中，男性作为参照组，调整因素包括年龄、居住区域（农村或城市）、地区（省份）、教育水平、职业、医疗保险、家庭年收入和合并症（心力衰竭、血脂异常、高血压、糖尿病），对应公式中的 x_i。x_{gender} 为性别（男/女），x_{CVD} 为研究对象的 CVD 类型（患者/高风险者）。P for interaction 中的"interaction"为性别与研究对象的类型的交互项（$x_{gender} * x_{CVD}$）；P for interaction 为性别差异在 x_{CVD} 的不同水平时，统计学检验的显著水平。BP 表示血压；CVD 表示心血管疾病；LDL-C 表示低密度脂蛋白胆固醇。*表示任何抗血小板药物、任何降脂药物或任何降血压药。

[资料来源：Xia S, Du X, Guo L, et al. "Sex Differences in Primary and Secondary Prevention of Cardiovascular Disease in China," *Circulation*, 2020, 141（7）：530-539]

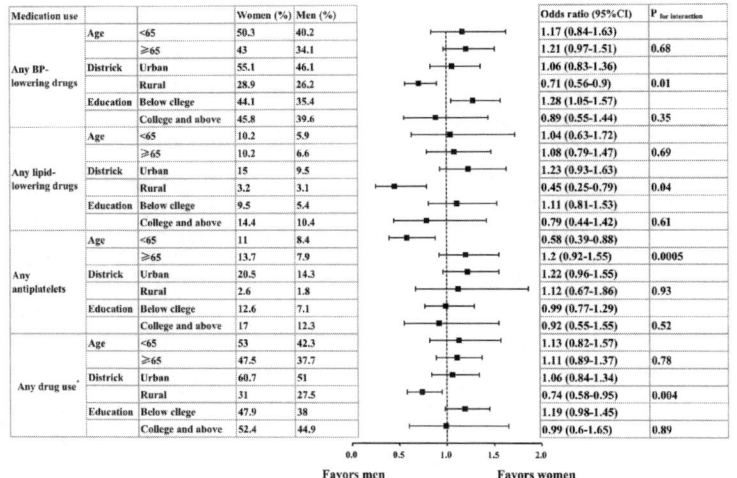

图3-5 按年龄、居住地区和教育水平分析CVD高风险者中一级预防的性别差异（此图为截取原图的部分所得）

注：

对应的Logistic回归方程为：$logit(\pi) = \ln(odds) = \beta_0 + \beta_1 x_{gender} + \beta_2 x_{ADE} + \beta_3 x_{gender} * x_{ADE} + \beta_i x_i$。$(OR, 95\% CI)$女性的调整后优势比，用以评估性别与预防用药（抗血小板药、降脂药物、降压药物）和危险因素控制之间的关联。其中以男性作为参照组，调整因素包括年龄、居住区域（农村或城市）、地区（省份）、教育水平、职业、医疗保险、家庭年收入和合并症（心力衰竭、血脂异常、高血压、糖尿病），对应公式中的x_i。在分析实现低密度脂蛋白胆固醇和血压控制时，调整因素不包括血脂异常和高血压；x_{gender}为性别（男/女），x_{ADE}为亚组分组变量，年龄（<65岁/≥65岁）或居住地区（城市/农村）或教育水平（低于大学/大学或更高）。P for interaction中的"interaction"为性别与亚组分组变量的交互项（$x_{gender} * x_{ADE}$）；P for interaction为性别差异在不同亚组水平时，统计学检验的显著水平。BP表示血压；CVD表示心血管疾病；LDL-C表示低密度脂蛋白胆固醇；OR表示优势比。*表示任何抗血小板药物、任何降脂药物或任何降血压药物。ADE代表年龄（Age）或居住地区（District）或教育水平（Education）。

［资料来源：Xia S, Du X, Guo L, et al. "Sex Differences in Primary and Secondary Prevention of Cardiovascular Disease in China," *Circulation*, 2020, 141（7）: 530-539］

为了应对心血管疾病在我国引起的重大公共卫生威胁，财政部与国家卫生和计划生育委员会（现为"国家卫生健康委员会"）联合批准在 2014 年中央财政转移支付地方卫生计生项目中设立"心血管病高危人群早期筛查与综合干预项目"试点专项，此项目是国家投入医疗卫生以惠及民生的一项重大举措。项目包括初筛、高危对象调查和干预、高危对象随访。初筛旨在了解筛查对象心血管病相关危险因素情况，评估心血管病风险，确定心血管病高危对象。高危对象调查和干预旨在了解高危个体的危险因素暴露情况及其疾病特征，并进行针对性的综合干预措施咨询，提供康复指导。筛查完成三个月后，对全部高危对象进行随访管理。该项目旨在推广适用于基层的心血管病综合干预技术，实践重点人群防控策略和措施。

二、案例分析

以"中国心血管疾病一、二级预防中的性别差异研究"为案例，围绕"Logistic 回归的用途、常用的自变量筛选方法以及如何在 Logistic 回归中开展交互作用分析与亚组分析"设置案例讨论题目。通过案例讨论，让学生了解统计学在医学研究中的重要作用，掌握应用 Logistic 回归进行医学研究的能力。同时，通过对案例讨论前后的背景信息、我国针对 CVD 开展的早期筛查及综合干预惠民项目和提高基层医疗卫生服务水平的介绍，让学生认识到 CVD 一、二级预防是 CVD 防治的重要公共卫生手段，帮助学生了解我国近年 CVD 防治的主要政策和现状，促进学生构建公共卫生思维和养成"预防为主"的疾病防控观，认识到我国对改善人民健康状况、提高人民生命质量方面的投入。

三、课堂讨论

（1）该研究图3-6中降压药物的使用在CVD一、二级预防中性别差异分析所得的 OR 是何含义？图3-7中降压药物的使用在城区和乡村中性别差异分析所得的 OR 是何含义？上述两个问题的结果，对你有何启示？

（2）该研究在评估性别与药物使用、CVD风险因素控制之间的关联时调整了哪些解释变量？是如何确定的？谈谈在实践中使用Logistic回归分析影响因素时，有哪些筛选解释变量的方法？

（3）该研究在分析CVD一、二级预防的性别差异时，进行了交互作用分析和亚组分析，请问什么是交互作用？如何确定是否存在交互作用？

参考文献

[1] 方积乾. 生物医学研究的统计方法 [M]. 2版. 北京：高等教育出版社，2019.

[2] 国家心血管病中心. 心血管病高危人群早期筛查与综合干预项目 [EB/OL]. [2023-09-01]. https://cvdproject.nccd.org.cn/.

[3] 李晓松. 卫生统计学 [M]. 8版. 北京：人民卫生出版社，2017.

[4] XIA S, DU X, GUO L, et al. Sex differences in primary and secondary prevention of cardiovascular disease in China [J]. Circulation, 2020, 141 (7): 530-539.

（汪 俊 郝 春）

第十一节 居民医疗服务满意度及影响因素分析：多重线性回归

一、案例内容

《"健康中国2030"规划纲要》明确提出"构建和谐医患关系，为人民群众提供优质高效的医疗服务"的目标。医疗服务满意度是指个体基于健康、疾病、生命质量等方面的需求，结合自身消费能力和对医疗结果的预期，对实际经历的医疗服务进行的综合性评价。医疗服务满意度的提高对于针对性地提高医疗服务质量、规范医护人员行为和改善医患关系具有重要意义。2018年9月至10月在沈阳市开展的关于医疗服务满意度的问卷调查的结果如下：

（1）人群医疗服务满意度水平以及人口统计学因素对医疗服务满意度的影响。本研究调查的居民医疗服务满意度得分为（3.76±0.75）分，调查人群的平均年龄为（34.60±14.85）岁。分析结果显示，年龄与居民医疗服务满意度呈负相关（$r = -0.122$，$P < 0.001$），婚姻状况、文化程度、家庭人均月收入、职业、就医付费类别对本研究调查的居民医疗服务满意度的影响有统计学意义（见表3-17）。

表 3-17 人口统计学因素对居民医疗服务满意度的影响

变量	样本量 N/人（占比/%）	均数±标准差	F/t 值	P 值
性别			1.110	0.267
男	549 (44.20)	3.78±0.76		
女	693 (55.80)	3.73±0.74		
民族			-0.660	0.510
汉族	1085 (84.30)	3.75±0.76		
少数民族	202 (15.70)	3.79±0.74		
婚姻状况			4.976	<0.001
未婚及其他	617 (45.30)	3.87±0.71		
已婚或同居	744 (54.70)	3.67±0.78		
文化程度			14.611	<0.001
初中及以下	259 (18.99)	3.60±0.73		
高中或中专	280 (20.53)	3.65±0.76		
大专及以上	825 (60.48)	3.84±0.74		
家庭人均月收入/元			7.428	0.001
<2000	156 (11.94)	3.70±0.77		
2000～4000	704 (53.86)	3.70±0.77		
>4000	447 (34.20)	3.78±0.72		
职业			11.471	<0.001
单位职工/军人/离退休	530 (38.88)	3.78±0.78		
个体/农民/自由职业	444 (32.58)	3.63±0.71		
学生及其他	389 (28.54)	3.87±0.74		
就医付费类别			6.602	<0.001
城镇职工医疗保险	417 (31.70)	3.80±0.77		
城镇居民医疗保险	400 (30.40)	3.84±0.78		
新农合	184 (14.00)	3.56±0.62		
自费及其他	315 (23.90)	3.70±0.75		

资料来源：李昱莹、王双玲、苏琳等《居民医疗服务满意度水平及影响因素分析》，载《中国卫生统计》2022 年第 2 期，第 267-269 页。

(2) 就医经历对居民医疗服务满意度的影响。就医经历方面，首次来这所医院就医的人，其满意度低于非首次来该院就医者；对疾病情况非常了解的人，其满意度较高（见表3-18）。

表3-18 就医经历对居民医疗服务满意度的影响

变量	样本量N/人（占比/%）	均数±标准差	F/t值	P值
首次就医			-2.347	0.019
是	477（37.15）	3.70±0.80		
否	807（62.85）	3.80±0.73		
疾病了解情况			47.578	<0.001
非常了解	168（12.90）	4.21±0.78		
比较了解	625（48.10）	3.77±0.68		
不太了解	506（39.00）	3.59±0.75		

资料来源：李昱莹、王双玲、苏琳等《居民医疗服务满意度水平及影响因素分析》，载《中国卫生统计》2022年第2期，第267-269页。

(3) 居民医疗服务质量自评与医疗服务满意度的相关分析。相关分析结果显示，居民对医护人员服务水平的评价、对医院基本条件的评价、对医院管理机制/就诊流程的评价、对医疗费用的评价与居民医疗服务满意度均呈显著正相关（$P<0.001$）（见表3-19）。

表3-19 居民医疗服务质量自评与医疗服务满意度的相关分析

项目	均数±标准差	r值	P值
对医护人员服务水平的评价	3.92±0.82	0.489	<0.001
对医院基本条件的评价	3.92±0.78	0.445	<0.001
对医院管理机制/就诊流程的评价	3.65±0.88	0.489	<0.001
对医疗费用的评价	3.43±0.92	0.505	<0.001

资料来源：李昱莹、王双玲、苏琳等《居民医疗服务满意度水平及影响因素分析》，载《中国卫生统计》2022年第2期，第267-269页。

（4）居民医疗服务满意度影响因素的多因素分析。经多因素分析发现，居民医疗服务满意度的影响因素依次为居民对医院管理机制/就诊流程的评价、对医护人员服务水平的评价、对医院基本条件的评价、疾病了解情况、家庭人均月收入、是否首次就医及婚姻状况。其中，居民对医院管理机制/就诊流程的评价对居民医疗服务满意度的影响最大（标准化偏回归系数 $\hat{\beta}$ = 0.267）（见表3-20）。

表3-20 居民医疗服务满意度影响因素的多因素分析

变量	标准化$\hat{\beta}$值	P值
性别*		
男 vs. 女	0.004	0.854
对医院管理机制/就诊流程的评价	0.267	<0.001
对医护人员服务水平的评价	0.256	<0.001
对医院基本条件的评价	0.198	<0.001
疾病了解情况		
非常了解 vs. 不太了解	0.107	<0.001
比较了解 vs. 不太了解	0.039	0.145
家庭人均月收入/元		
<2000 vs. >4000	-0.057	0.033
2000～4000 vs. >4000	0.081	0.002
首次就医		
是 vs. 否	-0.063	0.010
婚姻状况		
未婚及其他 vs. 已婚或同居	0.057	0.019

注：

＊：固定在模型中，该模型的 R^2 = 0.390。

资料来源：李昱莹、王双玲、苏琳等《居民医疗服务满意度水平及影响因素分析》，载《中国卫生统计》2022年第2期，第267-269页。

二、案例分析

本案例在建设健康中国的背景下，分析新医改后居民医疗服务满意度水平，全面评价其影响因素。运用线性回归分析方法，从人口统计学信息、就医经历以及医疗服务质量自评三方面进行了统计描述和分析，为学生掌握多重线性回归提供范例。

通过本案例的介绍，让学生了解医疗服务满意度调查的重要意义：①当前，中国特色社会主义进入新时代，对居民进行医疗服务满意度调查，评价新医改后居民医疗服务满意度水平，可确定其影响因素的优先顺位，优化医院资源配置、完善医院设施条件，从而提高医疗服务质量、改善居民就医体验，使医疗服务更加高效便捷。②随着我国新医改工作的推进，以人为本的医疗理念不断深入，医疗服务满意度作为改善医疗服务环境、提升医院管理水平和医疗服务质量的重要指标，对研究公共卫生政策评价有重大意义。③随着医疗卫生公共服务改革向纵深推进，对"健康中国"的理论回应和实践诉求已经成为学界不得不关注的重要问题。转型期的中国，医疗保障和医疗卫生服务改革成为政府着力推进改革的重要领域，而提高医疗卫生公共服务水平是改善民生、提高居民幸福指数的关键所在。通过对当前我国居民对医疗服务满意度的系统分析，可以揭示影响医疗服务满意度的感知结构与重要因素。

三、课堂讨论

（1）多重线性回归可以解决哪些问题？
（2）根据上述案例统计分析结果，尝试还原统计分析过程。
（3）结合多重线性回归模型的用途，谈谈对该案例的理解。

参考文献

［1］方积乾. 生物医学研究的统计方法［M］. 2版. 北京：高等教育出版社，2019年.

［2］李晓松. 卫生统计学［M］. 8版. 北京：人民卫生出版社，2017.

［3］李昱莹，王双玲，苏琳，等. 居民医疗服务满意度水平及影响因素分析［J］. 中国卫生统计，2022，39（2）：267–269.

（杨　朔　张晋昕）

第十二节　中国罕见病患者参与临床试验现状调查：调查研究设计

一、案例内容

2021年12月31日，国家药监局药品审评中心发布了《罕见疾病药物临床研发技术指导原则》，有望推进国内罕见病药物临床研究。同年，重庆医科大学药学院药品政策与评价研究中心联合蔻德罕见病中心，发布了《罕见病患者对临床试验的认知、态度与实践现状调查报告（2021）》。该调查的目的是基于以患者为中心的理念，了解罕见病患者对临床试验的认知情况和参与度、他们最关心的问题以及影响他们参与试验的最大阻碍。该研究为增加罕见病患者临床试验相关知识素养、提高患者参与的积极性，以及促进治疗罕见病药物的临床开发提供了政策建议与决策参考。

该调查在2021年11月开展，以罕见病患者或其家属为调查对象，通过各罕见病组织定向发布与罕见病患者滚雪球发布相结合的方式，共收集到问卷 1573 份，纳入有效问卷 1498 份。其中，62.5% 由他人代答，37.5% 由患者本人填写。调查共涵盖了被调查者的主要罕见疾病类型（如图 3-6 所示），其中 18 岁及以下的被调查患者占 54.9%。

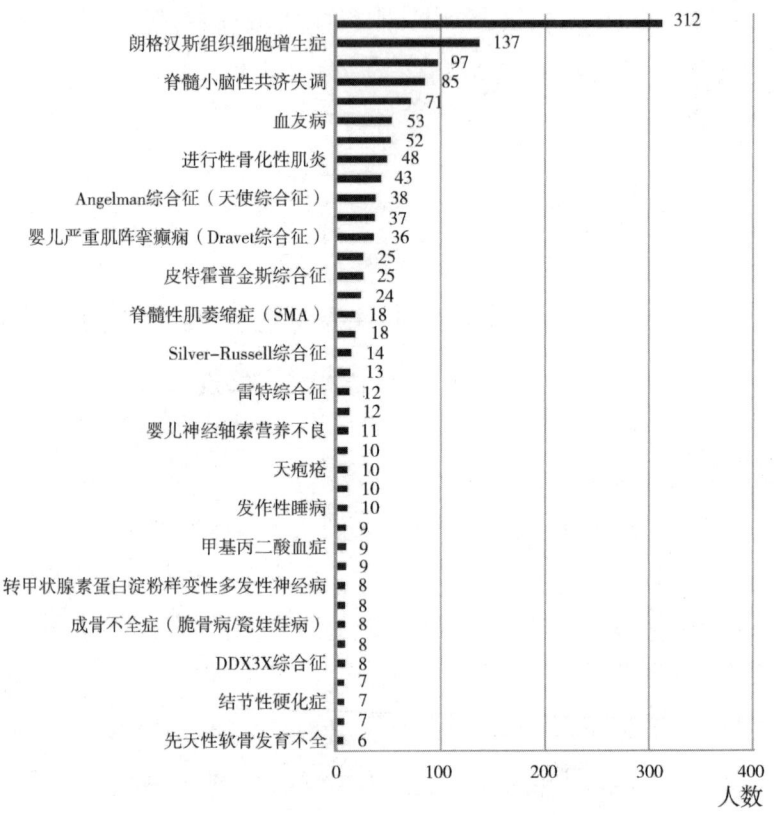

图 3-6 被调查患者的主要罕见疾病类型分布

（资料来源：罕见病信息网，http://www.rarediease.cn/search! detail? id = 8a9d475474d4bb32017fddbdeea60612）

调查结果显示，75.5% 的被调查者听说过临床试验。其中，女性、低学历、无任何医保、农村户口的被调查者对临床试验知晓率较低。多数被调查者对临床试验有基本的了解，但对个别问题知晓率偏低，比如33.9%的被调查者不知道"患者也可以参与设计和发起符合自己需要的临床试验"。这提醒研究者在开展临床试验相关科普工作时，应加强对相关知识和权益的深入普及。关于临床试验信息来源的调查显示，62.0%的被调查者会从社交软件（比如微信、QQ、论坛、朋友圈等）或新媒体账户（如公众号、微博等）等渠道获取信息；50%的人会从罕见病组织获得临床试验信息。该调查中，被调查者参加罕见病临床试验的意愿率高达84.8%，而实际参加过临床试验者仅占8.9%。如此巨大的差距提示，临床试验可能存在参与渠道不通畅的问题。

研究分析发现，促进患者参加临床试验的前三个因素分别为"参加试验可能治愈疾病""希望得到医生更多的关注和医疗服务""参加试验可能减轻主要症状"。这说明患者和其家属对于参加临床试验更关心疾病的治疗效果和医疗服务获益，也说明对患者而言，药物的可及性及临床需求还尚未得到满足。另外，调查显示，阻碍患者参加临床试验的前三个因素分别是"没有获得临床试验信息的来源或者途径""担心试验药物的安全性（副作用，导致病情加重）""担心试验药物的有效性（治疗获益，纳入安慰剂组）"。这说明缺乏信息来源、担忧临床试验的安全性和有效性是阻碍患者及其家属参加临床试验的最主要因素。

二、案例分析

根据上述研究案例，围绕"调查研究设计的基本内容及相关步骤，调查问题的设置技巧"等学习内容来设置案例讨论题目。通过案例讨论让学生思考：如何通过调查设计开展具有现实意义的科学研究。通过案例讲解，让学生掌握调查研究设计的基本内容、步骤以及调查问题的设置技巧。同时，通过对案例背景及罕见病临床试验和治疗的介绍，提高学生的医学研究素养，让学生体会医学研究的目的是以患者为中心更好地治疗疾病和促进健康；突出医学研究中的人文关怀，不但要满足患者的治疗需求，还要关注患者的心理需求和社会需求。培养学生的综合科研素养，使学生树立专业认同感和社会责任感。

三、课堂讨论

（1）该研究使用了调查研究设计，请问调查研究的基本内容是什么？

（2）以该研究为例，调查研究设计的相关步骤包括哪些内容？

（3）该研究是如何进行抽样的？这种抽样方法的特点是什么？

参考文献

[1] 罕见病信息网. 2021年中国罕见病患者参与临床试验的现状调查报告发布丨行业报告 [EB/OL]. (2022-03-30) [2023-09-20]. http://www.raredisease.cn/search!detail?id=8a9d475474d4bb32017fddbdeea60612.

[2] 贾俊平, 何晓群, 金勇. 统计学 [M]. 4版. 北京: 中国人民大学出版社, 2009.

[3] 李晓松. 卫生统计学 [M]. 8版. 北京: 人民卫生出版社, 2017.

[4] LI X, LIU M, LIN J, et al. A questionnaire-based study to comprehensively assess the status quo of rare disease patients and care-givers in China [J]. Orphanet journal of rare diseases, 2021, 16 (1): 327.

（贺浅语　廖　婧）

第十三节 中国健康与养老追踪调查：观察性研究设计

一、案例内容

中国健康与养老追踪调查（China Health and Retirement Longitudinal Study，CHARLS）是一项大规模的跨学科调查项目，由北京大学国家发展研究院与中国社会科学调查中心联合进行。该项目得到了国家自然科学基金委员会、美国国家老龄化研究所以及世界银行的资助。

2020年人口普查数据显示，全国人口中，60岁及以上人口的比重达18.7%，有2.6亿人之多。中国人口老龄化的速度和程度正在迅速加快。应对老龄化、满足老年人的健康需求以及提升他们的健康水平，已经成为我国面临的重大挑战。CHARLS旨在收集代表中国45岁及以上中老年人的家庭和个人情况的高质量微观数据。通过分析这些数据，以深入研究我国人口老龄化问题，并推动跨学科的老龄化研究。同时，该研究为制定和完善我国相关政策提供了更加科学的基础。

CHARLS的问卷设计，参考了国际上一些大型的研究，包括美国健康与退休调查（Health and Retirement Study，HRS）、英国老年追踪调查（The English Longitudinal Study of Ageing，ELSA）以及欧洲的健康、老年与退休调查（Survey of Health，Aging and Retirement in Europe，SHARE）等。问卷内容包括：个人基本信息，家庭结构和经济支持，健康状况，体格测量，医疗服务利用和医疗保险，工作与退休，养老金，收入、消费与资产，社区基本情况等。调查采用多阶段抽样，在县/区和村级抽样阶段均采取概率比例抽样（probability proportionate to size，PPS）。CHARLS首创了电子绘图软件（CHARLS-GIS）技术，用地图法制作村级抽样框。

CHARLS项目分别于2011年、2013年、2015年、2018年和2020年在全国28个省份（自治区、直辖市）的150个县和450个社区（村）进行调查访问。该调查已经覆盖共计1.24万户家庭中的1.9万名受访者。受访者遍布全国城乡各地，在中国中老年群体中有很好的代表性。

此外，CHARLS曾在2014年和2016年组织并实施了两项全国性专项访问，分别是"中国居民生命历程调查"和"共和国初期基层经济历史调查"。2017年，CHARLS在北京和天津两地开展省级代表性抽样，调查访问对象扩大到家庭中的所有人员，对现有样本进行了补充。2020年，CHARLS还开展了疫情专项调查，同样完全覆盖上述样本地区。CHARLS各调查及时间如图3-7所示。

CHARLS的数据不仅具有全国代表性，而且质量较高，其访问应答率和数据质量在世界同类项目中位居前列。在每次开展调查前，CHARLS均会在全国范围内招募高校大学生调查员。CHARLS对申请者的综合素质要求较高，申请者申请后需经过严格的培训考核，培训考核包括线上自学（问卷自学、线上互动自学）、访问练习、线下操作练习、集中培训、实地模拟等，培训考核过关后才能获得实地访问资格。

CHARLS的访问数据，在收集结束一年后，会对学术界免费公开。截至2023年11月，CHARLS已经完成的2轮浙江和甘肃两省调查数据、5轮全国样本常规调查数据以及中国居民生命历程调查数据都已向公众公布，即分别为2008年、2011年、2012年、2013年、2014年、2015年、2018年、2020年访问收集的

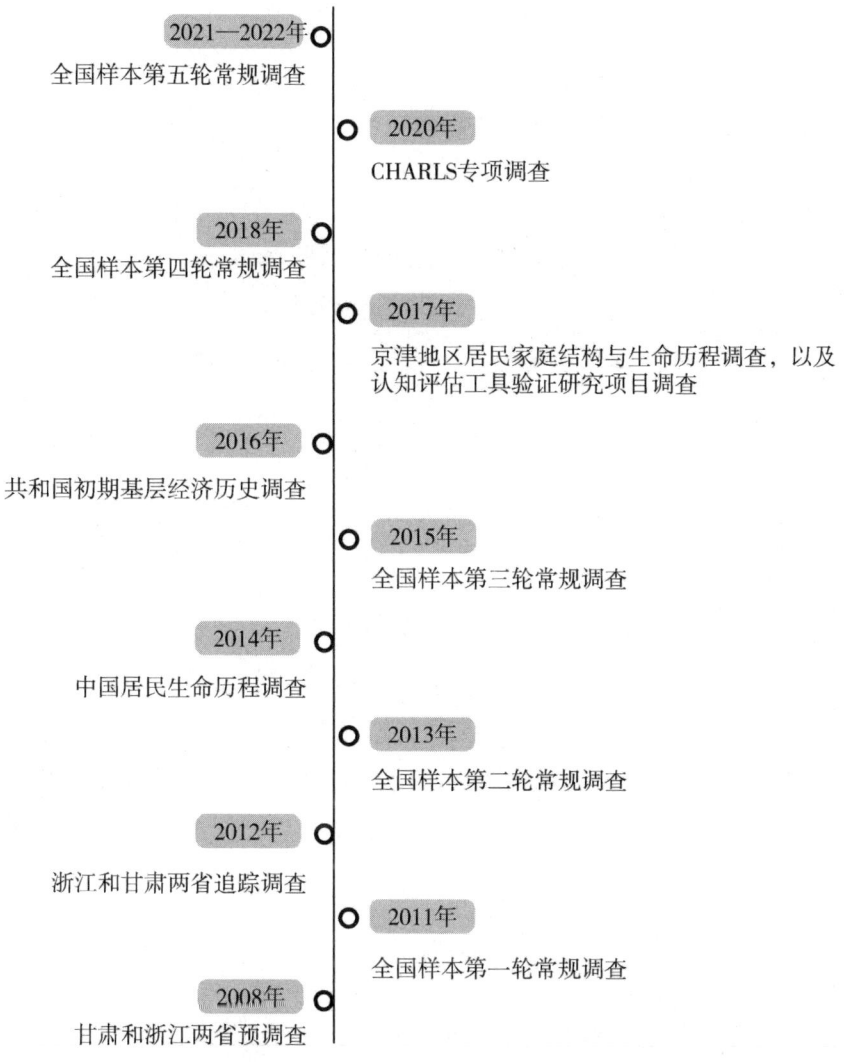

图3-7 CHARLS各调查时间线

[资料来源：CHARLS微信团队《【访员招募】新学期！北大CHARLS带你发现稻香麦浪里的中国故事》，载"中国健康与养老追踪调查CHARLS"微信公众号]

数据。

截至2022年3月，CHARLS用户数已经达到61,962人，其中，国内用户占92%，海外用户超过4400人，如图3-8所示。

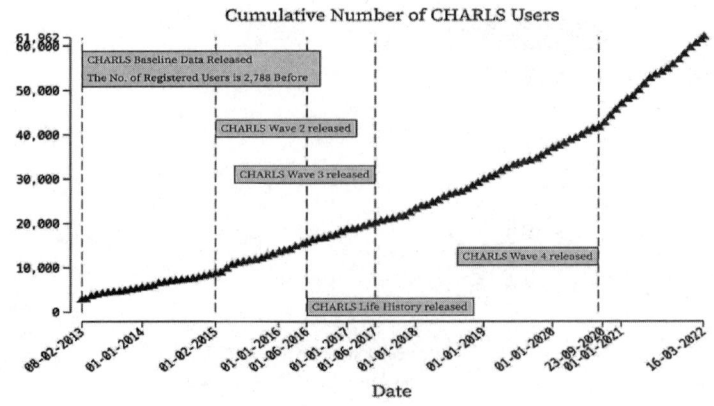

图 3-8 CHARLS 用户人数

[资料来源：CHARLS 微信团队《【项目简介】中国健康与养老追踪调查（CHARLS）简介》，载"中国健康与养老追踪调查 CHARLS"微信公众号]

CHARLS 数据用户利用 CHARLS 数据，开展了大量的研究工作，并取得了丰硕的研究成果。据不完全统计，截至 2021 年 12 月，用户利用 CHARLS 数据发表学术论著超过 3400 篇。其中，中文期刊上的论文发表量超过 1000 篇，英文期刊上的论文发表量超过 1600 篇。

二、案例分析

教师在讲解调查设计时可以引用 CHARLS 案例，让学生学习一个大型的具有全国代表性的老龄化调查的调查目的、调查对象及观察单位、调查员的选择与培训、抽样方法及样本量等。同时，通过对该案例的讨论，让学生体会到一项高质量且具有代表性的调查研究并非一朝一夕可以完成，而是需要投入大量的精力。其管理、运行和实施，是诸多国内外专家学者和业界前辈们的心血与智慧，同时也离不开全国各地的大学生调查员。引用 CHARLS 案例可以让学生明白团队合作的重要性，学会在实践中求真知、脚踏实地做调查。

三、课堂讨论

（1）CHARLS 的调查目的是什么？

（2）CHARLS 的调查对象及观察单位是什么？

（3）CHARLS 属于哪种抽样调查（按抽样方式、时间维度、调查性质分类）？

（4）CHARLS 采用了哪种概率抽样方法？还有哪些常见的抽样方法？

参考文献

［1］国家统计局．第七次全国人口普查公报（第五号）［R/OL］．（2021－05－11）［2023－09－20］．http://www.stats.gov.cn/ztjc/zdtjgz/zgrkpc/dqcrkpc/ggl/202105/t20210519_1817698.html.

［2］李晓松．卫生统计学［M］．8 版．北京：人民卫生出版社，2017.

［3］"中国健康与养老追踪调查 CHARLS"公众号文章：【项目简介】中国健康与养老追踪调查（CHARLS）简介.

［4］"中国健康与养老追踪调查 CHARLS"公众号文章：【访员招募】新学期！北大 CHARLS 带你发现稻香麦浪里的中国故事.

（郑慧琼　廖　婧）

第十四节　中国自主研发的肿瘤免疫药物的临床试验（CameL 研究）：实验研究设计

一、案例内容

程序性死亡受体 1（pnogrammed death-1，PD-1）抑制剂是近年来热门的肿瘤免疫治疗剂。美国前总统 Jimmy Carter 使用 PD-1 抑制剂治愈了晚期黑色素瘤，让 PD-1 抑制剂一跃成为很多人眼中的"抗癌神药"。PD-1 抑制剂包括 PD-1 抗体和 PD-L1 抗体两类。卡瑞利珠单抗（艾瑞卡®）是中国自主研发的 PD-1 抗体药物，于 2019 年 5 月在我国获批上市。

2021 年，国际学术期刊《柳叶刀·呼吸医学》（*The Lancet Respiratory Medicine*）发表了论文"Camrelizumab Plus Carboplatin and Pemetrexed Versus Chemotherapy Alone in Chemotherapy-naive Patients with Advanced Non-squamous Non-small-cell Lung Cancer (CameL): A Randomised, Open-label, Multicentre, Phase 3 Trial"。CameL 研究是全球首个针对中国晚期非鳞非小细胞肺癌患者的卡瑞利珠单抗联合化疗的Ⅲ期临床试验研究。该论文发表了 CameL 研究的期中分析结果，该研究取得了当时全球同类肺癌免疫治疗临床研究中最长的生存获益的数据，显示了我国自主研发的 PD-1 抗体药物治疗晚期非鳞非小细胞肺癌的有效性和安全性，为该药获批晚期肺癌适应证提供了关键性证据。

CameL 研究为随机、开放、多中心、Ⅲ期临床试验。试验共在全国 52 家医院开展，采用分层区组随机化进行分组，入组的受试者按照 1∶1 比例随机分组接受卡瑞利珠单抗联合化疗或单纯化疗。分层因素包括性别（男性、女性）和吸烟史（≥20包年、<20包年、从不吸烟），区组长度为4或6。试验有两个主要终点，分别为所有受试者和PD-L1阳性受试者的无进展生存期（从随机化到肿瘤发生进展或因任何原因死亡的时间）。次要终点包括总生存期、客观缓解率、疾病控制率、缓解持续时间、疾病进展时间等。对于主要终点和总生存期，研究采用Kaplan-Meier法和Log-rank检验进行生存曲线的估计与比较，采用分层Cox比例风险模型估计风险比（hazard ratio，HR）及其95%置信区间，分层因素包括性别和吸烟史。研究采用χ^2检验进行干预组和对照组客观缓解率与疾病控制率的比较，采用Log-rank检验进行组间缓解持续时间和疾病进展时间的比较。

2017年5月12至2018年6月6日，共有412名受试者分别接受卡瑞利珠单抗联合化疗（$n=205$）或单纯化疗（$n=207$），受试者基线特征见表3-21。期中分析显示，对于所有受试者而言，与单纯化疗相比，卡瑞利珠单抗联合化疗可以限制延长无进展生存期。卡瑞利珠单抗联合化疗和单纯化疗的中位无进展生存期分别为8.3（95% CI为6.0～9.7）个月和11.3（95% CI为9.6～15.4）个月（如图3-9所示）。卡瑞利珠单抗联合化疗对比于单纯化疗的HR为0.60（95% CI为0.45～0.79，$P=0.0001$）。控制PD-L1肿瘤比例分数后，卡瑞利珠单抗联合化疗的HR为0.62（95% CI为0.46～0.84，$P=0.0010$）。

2020年12月，卡瑞利珠单抗（艾瑞卡®）成功进入《国家基本医疗保险、工伤保险和生育保险药品目录（2020年）》，用于晚期肺癌、肝癌、食管癌和霍奇金淋巴瘤的治疗。进入医保药品目录后，卡瑞利珠单抗200 mg规格从19800元/支的原价降低到2928元/支，降幅达到85%，患者人均年治疗费用由7万元可降至1万元左右。

表 3-21　CameL 研究受试者基线特征

	卡瑞利珠单抗联合化疗 ($n=205$)	单纯化疗 ($n=207$)
年龄/岁		
Median（*IQR*）	59（54~64）	61（53~65）
<65，*n*/人（占比/%）	160（78）	154（74）
性别，*n*/人（占比/%）		
男	146（71）	149（72）
女	59（29）	58（28）
吸烟史，*n*/人（占比/%）		
≥20 包年	127（62）	130（63）
<20 包年或从不吸烟	78（38）	77（37）
肿瘤分级，*n*/人（占比/%）		
ⅢB~ⅢC 级	30（15）	41（20）
Ⅳ级	175（85）	166（80）
脑转移	10（5）	5（2）
PD-L1 表达，*n*/人（占比/%）		
<1%	49（24）	69（33）
≥1%	138（67）	117（57）
1%~49%	108（53）	97（47）
≥50%	30（15）	20（10）
无法评估	18（9）	20（10）
未知（脱失）	0（0）	1（<1）

注：

IQR：interquartile range，四分位数间距。

资料来源：Zhou C C, Chen G Y, Huang Y C, et al. "Camrelizumab Plus Carboplatin and Pemetrexed Versus Chemotherapy Alone in Chemotherapy-naive Patients with Advanced Non-squamous Non-small-cell Lung Cancer (CameL): A Randomised, Open-label, Multicentre, Phase 3 Trial," *The Lancet Respiratory Medicine*, 2021, 9 (3): 305-314。

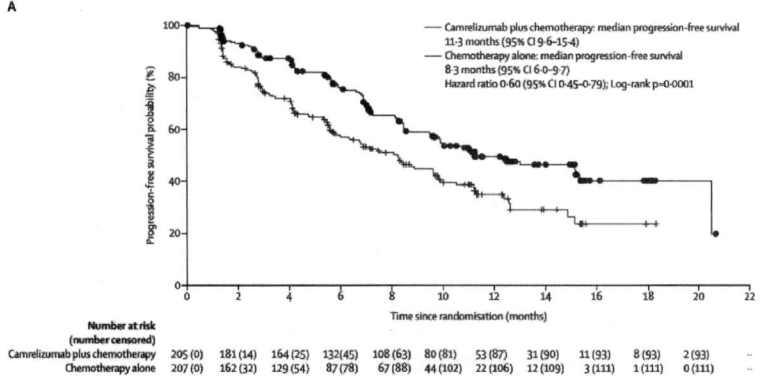

图3-9　患者无进展生存期的Kaplan-Meier生存曲线

注：

median progression-free survival：中位无进展生存期；

hazard ratio：风险比；

95% CI：95%置信区间。

［资料来源：Zhou C C, Chen G Y, Huang Y C, et al. "Camrelizumab Plus Carboplatin and Pemetrexed Versus Chemotherapy Alone in Chemotherapy-naive Patients with Advanced Non-squamous Non-small-cell Lung Cancer (CameL)：A Randomised, Open-label, Multicentre, Phase 3 Trial," *The Lancet Respiratory Medicine*, 2021, 9 (3)：305-314］

二、案例分析

以CameL研究为案例，围绕"实验研究设计的基本要素、基本原则以及临床试验设计要点和统计分析"设置翻转课堂中的讨论题目。通过案例讨论，让学生了解医学统计学在医学实验（试验）研究中的重要作用，掌握实验设计的基本技能，提高学生综合使用统计分析方法的能力。同时，通过案例讨论前后对案例背景信息和卡瑞利珠单抗进入医保及增加适应证信息的介绍，让学生体会医学领域的创新突破对人类健康的促进作用和我国全民医保制度的优势，培养学生的创新精神、爱国情怀、社会责任感和大健康意识。

三、课堂讨论

（1）该研究采用了何种研究设计？

（2）该研究中实验设计的三要素分别是什么？

（3）该研究中实验设计的基本原则体现在哪些方面？

（4）该研究的主要假设是什么？采用了哪些统计分析方法回答研究假设？

参考资料

[1] 李晓松. 卫生统计学［M］. 8 版. 北京：人民卫生出版社，2017.

[2] 孙博洋，乔业琼. 卡瑞利珠单抗成功进入新版国家医保目录［EB/OL］. （2020-12-29）［2023-09-15］. http://health.people.com.cn/n1/2020/1229/c14739-31982569.html.

[3] ZHOU C C, CHEN G Y, HUANG Y C, et al. Camrelizumab plus carboplatin and pemetrexed versus chemotherapy alone in chemotherapy-naive patients with advanced non-squamous non-small-cell lung cancer (CameL)：a randomised, open-label, multicentre, phase 3 trial ［J］. The lancet respiratory medicine, 2021, 9（3）：305-314.

（王 琦 陈 雯）

第十五节　辛普森悖论：率的标准化

一、案例内容

当人们对两种变量的相关性进行研究时，有时会对其进行分层分析。辛普森悖论，由英国统计学家爱德华·H. 辛普森（Edward H. Simpson）于 1951 年提出，指的是在各层所对应的分组比较中都占优势的一方，在总体评价中却并不占优势。换言之，当我们以分层和合并两种方式统计同一数据集时，最后得出的两个结论可能是完全相反的。

在医学研究中，我们在比较不同时期或不同地区间的指标例如死亡率时，因组间人口年龄、性别等构成可能不同而不能直接进行比较；类似的，如比较两个医疗机构的治愈率时，因收治的患者年龄、病情轻重可能不同，也不能直接进行比较。此时如果进行两组间率的比较，就需消除两组内某些因素造成的不同的影响，即进行标准化后再进行指标的比较。表 3-22 是某地两医院治愈率的比较数据。

表3-22 甲、乙两医院治愈率的比较

科室	甲医院			乙医院		
	入院人数/人	治愈人数/人	治愈率/%	入院人数/人	治愈人数/人	治愈率/%
内科	1500	975	65.0	500	315	63.0
外科	500	470	94.0	1500	1365	91.0
传染病科	500	475	95.0	500	460	92.0
合计	2500	1920	76.8	2500	2140	85.6

资料来源：李康、贺佳《医学统计学》，人民卫生出版社2018年版，第32-33页。

从上表可以看出，对于任一科室，甲医院的治愈率均高于乙医院，但甲医院的总治愈率却低于乙医院，这就是前述的"辛普森悖论"。这种偏差源于两医院各科室患者人数构成比不同，即甲医院内科患者构成比较大而致总治愈率偏低。若将两医院治愈率直接进行比较，显然是不合理的。为了正确比较两医院治愈率的大小，可以计算出标准化治愈率进行比较。

(1) 标准化直接法的计算方法。

相接法计算标准化率的公式为：

$$P' = \frac{N_1 P_1 + N_2 P_2 + \cdots + N_k P_k}{N} = \frac{\sum_{i=1}^{k} N_i P_i}{N}$$

式中，P' 为标准化率，N_1, N_2, $\cdots$, N_k 为某一影响因素（如疾病类型、年龄等）标准构成的每层例数，P_1, P_2, $\cdots$, P_k 为原始数据中各层的率，N 为标准构成的总例数。上式也可写成：

$$P' = C_1 P_1 + C_2 P_2 + \cdots + C_k P_k = \sum_{i=1}^{k} C_i P_i$$

式中 $C_i = N_i/N$ 为标准构成比。

(2) 标准构成的选取。

标准化法计算的关键是选择统一的标准构成，选取方法通常有三种：①选取有代表性的、较稳定的、数量较大的人群作为标准构成，如以全国范围或全省范围的数据作为标准构成；②选择相互比较的各层例数合计作为标准构成；③从比较的各组中任选其一作为标准构成。

上例以各层例数的合计作为标准构成，计算得到甲医院标准化后的总治愈率为：

$$P'_{甲} = \frac{4130}{5000} \times 100\% = 82.6\%$$

乙医院标准化后的总治愈率为：

$$P'_{乙} = \frac{4000}{5000} \times 100\% = 80.0\%$$

由上可见，甲医院标准化后的总治愈率高于乙医院标准化后的总治愈率。

二、案例分析

通过案例讨论让学生了解悖论的存在并不是一种罕见的现象，而是在现实生活中非常普遍，特别是在医学研究中。例如，医学上新开发的药物对疾病是否有效；新入学的学生是否受到性别歧视；经济的发展与空气质量的下降是否有关；吸烟是否会影响阿尔茨海默病的进展；等等。

用辛普森悖论来解释这些现象，能使人们真正了解现象的本质，从而做出正确的决策。同时，能让学生体会到医学统计科普的重要性。以辛普森悖论为例，其较好地阐释了我国古代"管窥蠡测，知其孤陋""一叶障目，不见泰山"的深刻哲理。若要尽可能地避免该悖论带来的认知误区，我们需要跳出局部，从更高的视野看待问题，在数据分析过程中仔细推敲各层的比例权重，消除组间基数差异对整体结果造成的影响，综合评价整体与局部二者之间的关系，从多角度看待问题，做出辩证、客观的判断评价。

三、课堂讨论

（1）标准化率计算的直接法和间接法的应用有何区别？

（2）率的标准化需要注意哪些问题？

（3）公共卫生实践中何时需要使用标准化率？试举例说明。

参考文献

［1］李康，贺佳．医学统计学［M］．7版．北京：人民卫生出版社，2018.

［2］李晓松．卫生统计学［M］．8版．北京：人民卫生出版社，2017.

［3］夏怡凡．统计学课程思政案例集［M］．成都：西南财经大学出版社，2021.

［4］张菊英．医学统计学实习指导［M］．3版．北京：高等教育出版社，2014.

（张楠祥　张晋昕）

第十六节　"健康中国2030"与期望寿命

一、案例内容

健康是人民幸福和社会发展的基础，是国家富强、民族振兴的必要条件，更是全国人民对美好生活的共同追求。19世纪末，中国处于半殖民地半封建社会，国家贫穷，民不聊生，居民期望寿命仅为35岁，婴儿死亡率高达200‰。新中国成立后，党和国家坚持以人民为中心的发展思想，高度重视人民健康，认真落实新时期卫生健康工作方针。在这些年的不断努力下，我国健康领域改革取得了显著成就，应急能力显著增强，医疗卫生服务体系日益健全，人民健康水平持续改善。2022年7月12日，国家卫生健康委员会发布的《2021年我国卫生健康事业发展统计公报》显示，"居民人均预期寿命由2020年的77.93岁提高到2021年的78.2岁，孕产妇死亡率从16.9/10万下降到16.1/10万，婴儿死亡率从5.4‰下降到5.0‰"[①]。我国居民主要健康指标总体上优于中高收入国家平均水平，为全面建成小康社会奠定了基础。具体来看，预期寿命最高的是上海，为84.11岁，其次是深圳、杭州和广州，分别为83.73岁、83.63岁、83.18岁。然而，随着我国工业化、城镇化和人口老龄化的加剧，人们的饮食结构、生活方式的变化以及生态环境的恶化等，都给维护和促进健康带来一系列新的挑战。健康服务供给与需求之间的矛盾依然突出，卫生健康事业发展与社会经济发展的协调性仍有待加强，亟须从国家战略层面统筹解决关系健康的重大和长远问题。

为全面推进健康中国建设，提高国民健康水平，根据党的十八届五中全会战略部署，国家制定了《"健康中国2030"规划纲要》。该规划纲要是推进健康中国建设的宏伟蓝图和行动纲领。其具体目标包括："人民健康水平持续提升。人民身体素质明显增强，2030年人均预期寿命达到79.0岁，人均健康预期寿命显著提高。"

---

① 国家卫生健康委员会：《2021年我国卫生健康事业发展统计公报》，见中国政府网（https://www.gov.cn/xinwen/2022-07/12/content_5700670.htm?eqid=8b5a8a0d000654ca0000000464644514）。

二、课堂讨论

(1) 如何计算预期寿命?

(2) 什么是预期寿命?

(3) 计算预期寿命的目的是什么?

(4) 结合中国现状谈谈如何提高预期寿命。

参考文献

[1] 国人健康预期寿命增加缓慢 [J]. 广州医科大学学报, 2015, 43 (5): 35.

[2] 李晓松. 卫生统计学 [M]. 8 版. 北京: 人民卫生出版社, 2017.

[3] 乔晓春. 全国及各省份老年健康预期寿命变化及差异比较 [J]. 人口与经济, 2023 (5): 1-20.

[4] 新华社. 中共中央 国务院印发《"健康中国2030"规划纲要》[EB/OL]. (2016-10-25) [2023-10-20]. https://www.gov.cn/zhengce/2016-10/25/content_5124174.htm.

(田 甜 张王剑)

第十七节 昼夜节律紊乱与癌症患者预后不良的关联: 生存分析

一、案例内容

昼夜节律紊乱 (circadian rhythm disruption, CRD) 在细胞增

殖、DNA修复等癌症进展相关过程中有重要影响，是肿瘤增殖的一个重要影响因素。但临床上对于CRD在预测癌症预后中的作用尚未有充分的研究。2022年4月，*Journal of Pineal Research* 发表了论文《单细胞转录组学分析揭示昼夜节律紊乱与肺腺癌预后不良和耐药相关》("Single-cell Transcriptomic Analysis Reveals Circadian Rhythm Disruption Associated with Poor Prognosis and Drug-resistance in Lung Adenocarcinoma")。该研究发现了CRD在肿瘤治疗、预后等方面的作用，提示调节昼夜节律基因可能是肺腺癌等肿瘤联合治疗的一种新策略，为将"基于生物钟的抗癌方法"引入精准医疗提供了理论基础。

首先，研究者探究了CRD状态下的恶性细胞是否和肺腺癌进展有关。研究者基于公开基因表达数据库（Gene Expression Omnibus，GEO）(https://www.ncbi.nlm.nih.gov/geo/)，获得了肺腺癌原发灶（$n=17$）、转移灶（$n=10$）及接受了新辅助化疗（$n=3$）的患者三种样本的单细胞RNA序列数据，并从三种样本的上皮细胞中鉴定出恶性细胞群。研究者开发了一种算法，基于昼夜节律相关基因表达谱来估计恶性细胞中的CRD评分（CRDscore），CRD评分越高，表示CRD水平越高。结果表明，恶性细胞的CRD评分较其他类型细胞高，且转移灶样本较其他两种样本由更多CRD评分高的恶性细胞组成，提示CRD可能促进肺腺癌的进展。

其次，研究者对22名接受酪氨酸激酶抑制剂（tyrosine kinase inbibitor，TKI）疗法的患者的样本单细胞数据集进行了分析，评估CRD是否会影响TKI对肺腺癌患者的疗效。22例患者的情况包括开始靶向治疗前、完全或部分治疗应答和治疗无应答三种情况。研究者根据患者样本的CRDscore将患者分为两组（高CRDscore和低CRDscore），采用生存分析的Log-rank检验比较不同CRD水平患者的Kaplan-Meier生存曲线（生存结局为是否应答及应答时间），发现 CRD 水平高的患者总体 TKI 应答率明显低于 CRD 水平低的患者（如图 3-10 所示），这提示 CRD 与肺腺癌患者的预后相关。

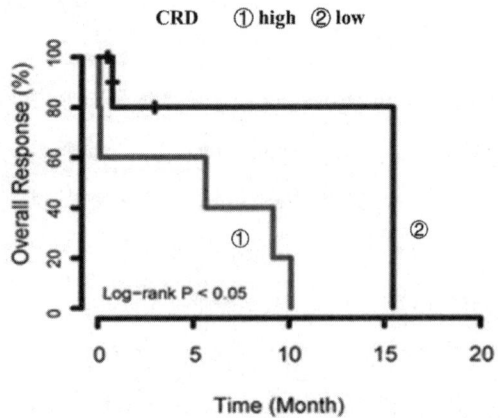

图 3-10　不同 CRDscore 肺腺癌患者对 TKIs 的应答率的生存曲线

注：
1. 实线①表示 CRD 水平高患者对 TKIs 的应答率。
2. 实线②表示 CRD 水平低患者对 TKIs 的应答率。

［资料来源：He L, Fan Y X, Zhang Y, et al. "Single-cell Transcriptomic Analysis Reveals Circadian Rhythm Disruption Associated with Poor Prognosis and Drug-resistance in Lung Adenocarcinoma," *Journal of Pineal Research*, 2022, 73（1）: e12803］

研究者还探究了 CRD 评分能否预测包括肺腺癌在内的多种癌症的临床结局。通过生存分析法，研究者比较了 CRD 高水平组和 CRD 低水平组肺腺癌患者的生存结局，发现在总体和不同亚组中，CRD 高水平组的死亡风险大于 CRD 低水平组（如图 3-11 所示），在其他类型肿瘤患者中也得到了相似结论。结果表明，CRD 评分是多种癌症预后的良好预测指标。

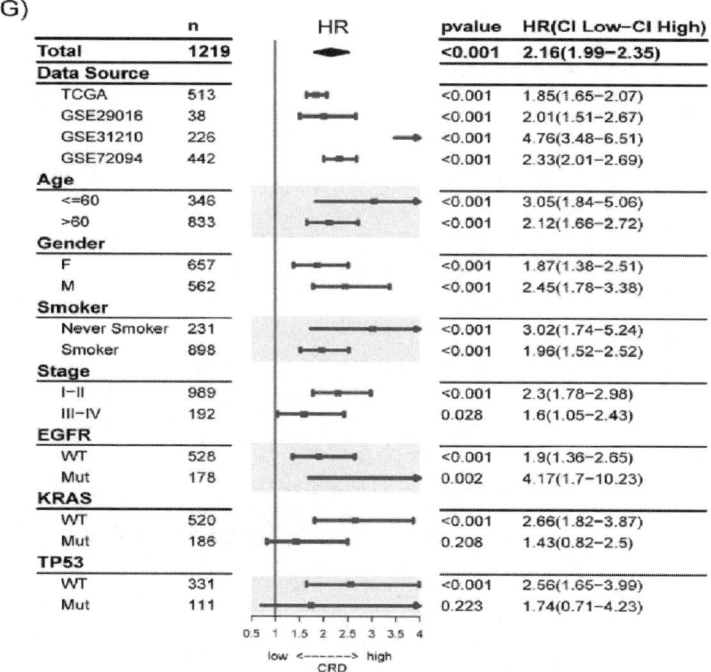

图 3-11 CRD 高水平组和 CRD 低水平组死亡风险的亚组分析

注：

1. HR 为总体或不同亚组中 CRD 高水平组与 CRD 低水平组的死亡风险比。

2. Total，总体；Data Source，数据来源亚组，包括 TCGA、GSE29016、GSE31210、GSE72094 四个数据库；Age，年龄亚组；Gender，性别亚组；Smoker，是否吸烟亚组；Stage，肺腺癌分期亚组；EGFR、KRAS、TP53，分别为不同的基因亚组（EGFR、KRAS、TP53 基因突变均与肺腺癌发生发展有关），WT 为野生型，Mut 为突变型。

［资料来源：He L, Fan Y X, Zhang Y, et al. "Single-cell Transcriptomic Analysis Reveals Circadian Rhythm Disruption Associated with Poor Prognosis and Drug-resistance in Lung Adenocarcinoma," *Journal of Pineal Research*，2022，73（1）：e12803］

研究者还探究了 CRDscore 预测肺腺癌化疗效果的能力。结果发现，CRD 低水平组有更好的治疗效果，其 5 年生存率是 CRD 高水平组的 2 倍以上，无进展生存状况更好（如图 3-12 所示）。CRD 评分在乳腺癌数据集中同样表现出良好的预测能力。综上，CRD评分是肿瘤治疗效果的良好预测指标。最后，研究者还用体外实验进一步验证了以上的分析结果，并结合多个数据库从多角度、多层面论证了研究问题。

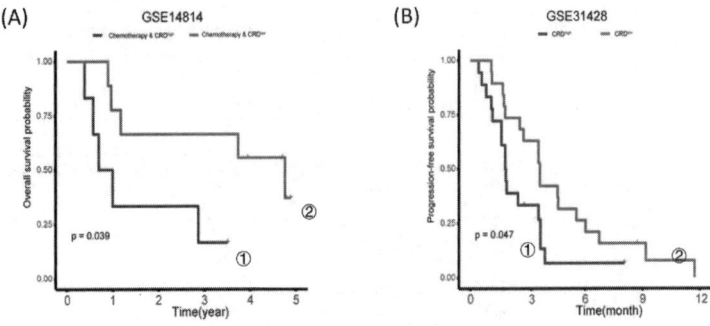

图3-12　不同CRDscore肺腺癌患者的无进展生存曲线

注：

1. GSE14814、GSE31428分别为不同数据库。

2. 图（A）中，实线①为化疗且CRD水平高患者的总生存率；实线②为化疗且CRD水平低患者的总生存率。

3. 图（B）中，实线①为CRD水平高患者的无进展生存率；实线②为CRD水平低患者的无进展生存率。

[资料来源：He L, Fan Y X, Zhang Y, et al. "Single-cell Transcriptomic Analysis Reveals Circadian Rhythm Disruption Associated with Poor Prognosis and Drug-resistance in Lung Adenocarcinoma," *Journal of pineal research*，2022，73（1）：e12803]

二、案例分析

以"昼夜节律紊乱与癌症患者预后不良有关研究"为案例，围绕"生存分析的应用场景、生存曲线的特点以及Kaplan-Meier法和Log-rank检验的应用"等，设置案例讨论题目。通过案例讨论，提升学生应用生存分析进行医学研究的能力。另外，该案例的突出特点在于，研究者利用了多个数据库互相佐证其研究结论，不仅包括自测数据库，还有公共数据库；样本量大、研究对象覆盖范围广，包括早期和晚期患者、原发与转移样本、治疗有应答和无应答患者等；研究成果是一篇逻辑严密的文章，体现了研究者严谨认真的科研态度。

通过该案例，培养学生科学严谨的科研精神、脚踏实地的学习品质。另外，该研究为将"基于生物钟抗癌"的方案纳入医疗创造了可能，造福了众多患者，可借此引导学生认识到科学研究的目的与意义。

三、课堂讨论

（1）如图3-16所示，该案例中的数据有什么特点？如何比较CRD评分不同的两组对TKI疗法的应答情况？

（2）该案例探究了CRD评分预测肺腺癌化疗效果的能力，研究结局是什么？使用了什么统计学方法？研究结果的含义是什么？

参考文献

［1］方积乾. 生物医学研究的统计方法［M］. 2版. 北京：高等教育出版社，2019.

［2］李晓松. 卫生统计学［M］. 8版. 北京：人民卫生出版社，2017.

［3］HE L, FAN Y X, ZHANG Y, et al. Single-cell transcriptomic analysis reveals circadian rhythm disruption associated with poor prognosis and drug-resistance in lung adenocarcinoma［J］. Journal of pineal research, 2022, 73（1）：e12803.

（李梦碟　郝　春）

第十八节 信迪利单抗联合化疗作为局部晚期或转移性食管鳞状细胞癌一线治疗的效果评估（ORIENT-15）：生存分析

一、案例内容

食管鳞状细胞癌是亚洲人群食管癌的主要类型，约占食管癌的90%。中国的食管鳞状细胞癌患者占全球患者一半以上，其早期症状隐匿性强、病程长、恶性程度高、晚期预后差，给患者及其家人带来了十分沉重的生理、心理和经济负担，也给公共医疗卫生资源带来了较大压力。外科手术治疗可切除已生成的肿瘤局部，但无法解决术后癌细胞复发、扩散和转移的难题，为提高患者的生命质量，亟须更有效的诊疗策略。

程序性死亡受体1（PD-1）抑制剂免疫治疗是近年来最热门的肿瘤免疫治疗方法。信迪利单抗注射液（商品名：达伯舒®）是由我国本土企业原创研发的PD-1单抗。国家药品监督管理总局于2018年12月24日批准其上市，适用于经二线化疗的复发或难治性经典型霍奇金淋巴瘤的治疗。

近期，北京大学肿瘤医院沈琳教授团队应用信迪利单抗与安慰剂联合化疗治疗局部晚期或转移性食管鳞状细胞癌并评估了其疗效，研究结果以题为《信迪利单抗与安慰剂联合化疗作为局部晚期或转移性食管鳞状细胞癌一线治疗的效果比较（ORIENT-15）：多中心、随机、双盲、Ⅲ期临床试验》["Sintilimab Versus Placebo in Combination with Chemotherapy as First Line Treatment for Locally Advanced or Metastatic Oesophageal Squamous Cell Carcinoma（ORIENT-15）：

Multicentre, Randomised, Double blind, Phase 3 trial"］的研究论文发表在《英国医学杂志》（*British Medical Journal*）上。该研究是一项多中心、双盲、随机、Ⅲ期临床试验，在 5 个国家（中国、法国、西班牙、美国和澳大利亚）的 79 个地点进行，评估了信迪利单抗相比于安慰剂联合化疗（顺铂加紫杉醇或顺铂加 5-氟尿嘧啶）对不可切除的局部晚期、复发或转移性食管鳞状细胞癌的一线治疗效果。

该研究将 2018 年 12 月 14 日至 2021 年 4 月 9 日期间的 659 名患有不可切除的局部晚期、复发或转移性食管鳞状细胞癌的患者按 1∶1 的比例随机分组进入试验组（信迪利单抗联合化疗）或对照组（安慰剂联合化疗）。主要结局是总生存期，总生存期定义为所有患者从随机分组到全因死亡的时间。次要结局为研究对象的客观缓解率（通过 RECIST 评分得出）、无进展生存期（progression-free survival，PFS）、缓解持续时间等。采用 Kaplan-Meier 方法估计中位生存期、无进展生存期、缓解持续时间和相应的 95% CI，并绘制生存曲线。使用 Log-rank 检验比较不同治疗组之间的总生存期和无进展生存期。使用 Cox 分层比例风险回归模型估计 HR（95% CI），其中分层因素是程序性细胞死亡配体-1 表达综合阳性评分（PD-L1 CPS 评分）、ECOG 体能状态评分、化疗方案和肝转移。

659 名患者被随机分配到试验组（$n=327$）或对照组（$n=332$）。在全人群中，试验组和对照组 12 个月总生存率分别为 64% 和 52%，24 个月总生存率分别为 39% 和 16%；试验组的中位生存期为 16.7 个月（14.8～21.7），对照组的中位生存时间为 12.5 个月（11.0～14.5），$HR=0.63$（0.51～0.78）。

在 PD-L1 CPS 评分≥10 的患者中，试验组和对照组 12 个月总生存率分别为 66% 和 55%，24 个月总生存率分别为 42% 和 18%；试验组的中位生存期为 17.2 个月（15.5～NC），对照组的中位生存时间为 13.6 个月（11.3～15.7），$HR=0.64$（0.48～0.85）。无论是全人群还是 PD-L1 CPS 评分≥10 的人群，试验组的总生存率和中位生存期均有改善（如图 3-13 所示）。

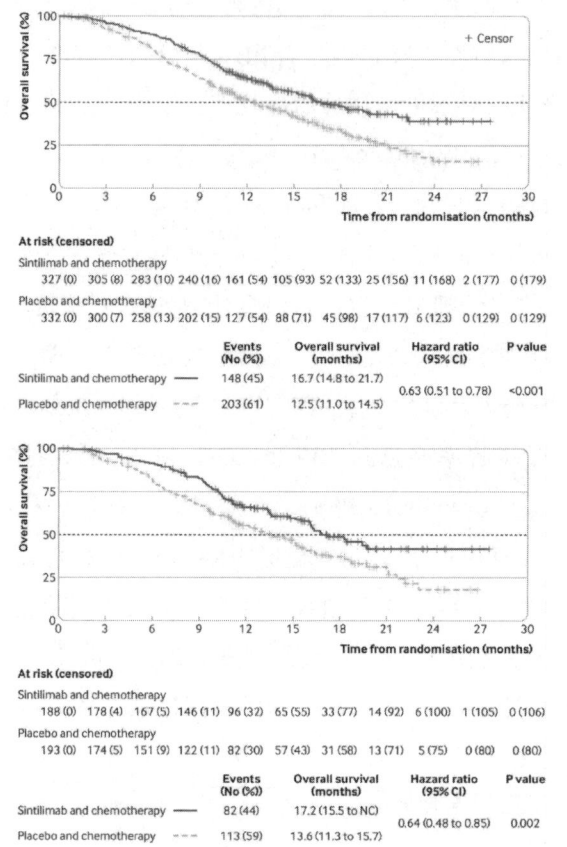

图 3-13　信迪利单抗联合化疗组或安慰剂联合化疗组的总生存期

注：图为所有患者（上）和 PD-L1 CPS 评分≥10 患者（下）的总生存期的 Kaplan-Meier 曲线。总生存期的值以中位数（95% 置信区间）和风险比（95% 置信区间）呈现。P 为双侧检验结果值。NC 为未计算。

[资料来源：Lu Z H, Wang J Y, Shu Y Q, et al. "Sintilimab Versus Placebo in Combination with Chemotherapy as First Line Treatment for Locally Advanced or Metastatic Oesophageal Squamous Cell Carcinoma (ORIENT-15): Multicentre, Randomised, Double blind, Phase 3 trial," *British Medical Journal*, 2022, 377 (8335): e068714]

无进展生存期分析结果也显示试验组疗效优于对照组。全人群研究中，试验组中有 59%（193/327）的患者出现无进展生存期，中位时间为 7.2 个月（7.0～9.6）；对照组中有 74%（245/332）的患者出现无进展生存期，中位时间为 5.7 个月（5.5～6.8），$HR=0.56$（0.46～0.68）。PD-L1 CPS 评分≥10 分人群的研究结果同样认为试验组能延长无进展生存期［$HR=0.58$（0.45～0.75）］（如图 3-14 所示）。

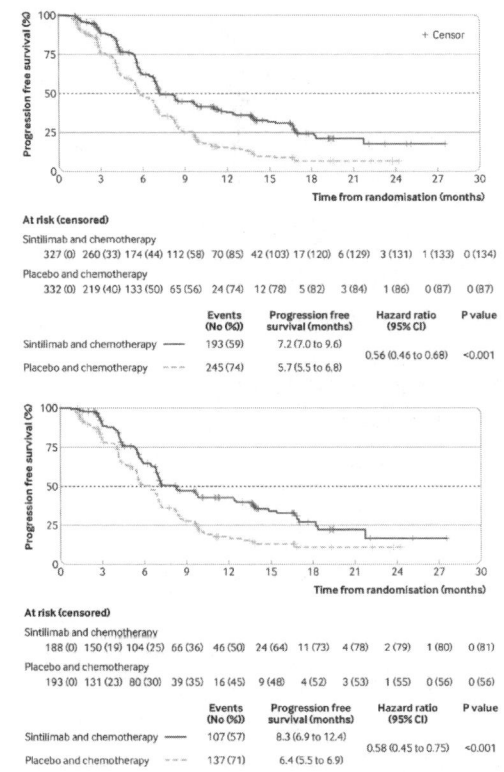

图 3-14　接受信迪利单抗或安慰剂联合化疗患者的无进展生存期

注：图为所有患者（上）和 PD-L1 CPS 评分≥10 患者（下）的无进展生存期的 Kaplan-Meier 曲线。无进展生存期的值以中位数（95% 置信区间）和风险比（95% 置信区间）呈现。P 为双侧检验结果值。

［资料来源：Lu Z H, Wang J Y, Shu Y Q, et al. "Sintilimab Versus Placebo in Combination with Chemotherapy as First Line Treatment for Locally Advanced or Metastatic Oesophageal Squamous Cell Carcinoma (ORIENT-15): Multicentre, Randomised, Double blind, Phase 3 trial," *British Medical Journal*, 2022, 377 (8335): e068714］

ORIENT-15 研究认为，无论 PD-L1 表达情况如何，与安慰剂联合化疗相比，信迪利单抗联合化疗（顺铂加紫杉醇或顺铂加 5－氟尿嘧啶）用于晚期食管鳞状细胞癌均可提供更长的总生存期、改善无进展生存期、有更好的疾病总缓解率和可控的安全性。

2021 年 5 月 18 日，中国自主研发创新生物药达伯舒的新药上市申请已被美国食品药品监督管理局受理，并进入正式审评阶段。截至 2021 年 12 月，信迪利单抗的适应证已由最初的复发或难治性经典型霍奇金淋巴瘤增加至 7 种。同时，有关达伯舒的 20 多项临床试验也正在进行。

新药研发有"两高一长"之说：高投入、高风险、长周期。在市场准入方面，新药也面临多重阻碍。2015—2019 年，我国密集出台鼓励新药发展的政策，当前，我国药物的审评和审批相比过去有很大改观，几乎每隔一两个月就有一个我国自主研发的新药获批上市，这预示着我国新药研发将进入快速发展的崭新时代。相关配套政策的协同和实施对创新药的研发与上市起到至关重要的作用。相信未来我国还将以更开放的姿态去拥抱创新，在提升本土创新能力与水平的同时，吸引国际创新成果落地国内，进一步提高患者临床用药的可及性，保障公众用药需求。

二、案例分析

以"ORIENT-15 研究"为案例，围绕"生存分析的应用场景、中位生存期概念、生存曲线的特点以及 Kaplan-Meier 法和 Log-rank 检验的应用"设置案例讨论题目。通过案例讨论，让学生了解医学统计学在医学研究中的重要作用，提升应用生存分析进行相关的基础医学研究的能力。同时，通过对案例讨论前后的背景信息的介绍，让学生了解我国当前对新药研发的政策，认识到我国新药研发的综合实力，大力支持创新发展的路线和方针，培养学生的创新精神、爱国情怀和社会责任感。

三、课堂讨论

（1）该研究的目的是什么？应用了何种方法进行分析研究？为何要应用该方法？

（2）终点事件指什么？该研究中的终点事件有哪些？其中主要终点事件对应的生存时间是什么？中位生存时间的含义是什么？

（3）请结合案例中图3-17简要说明生存曲线的含义及其特点。

（4）该研究在进行生存分析时运用了哪些方法？分别有何用处？各自的应用场景是什么？生存分析中还有哪些方法也能完成此分析工作？

参考文献

[1] 方积乾. 生物医学研究的统计方法[M]. 2版. 北京：高等教育出版社，2019.

[2] 李晓松. 卫生统计学[M]. 8版. 北京：人民卫生出版社，2017.

[3] LU Z H, WANG J Y, SHU Y Q, et al. Sintilimab versus placebo in combination with chemotherapy as first line treatment for locally advanced or metastatic oesophageal squamous cell carcinoma (ORIENT-15): multicentre, randomised, double blind, phase 3 trial [J]. British medical journal, 2022, 377 (8335): e068714.

（汪　俊　郝　春）

第四章 其他类型思政案例

第一节 中国古代的统计思想：数据分布的描述

一、案例内容

统计学在我国作为一门独立学科的建立和发展落后于西方国家，但我国古人将统计思想用于国家发展、制度建立和政治管理却比西方国家要早得多。

早在西周，《周易》就已经提出"方以类聚，物以群分"和"观其所聚，而天地万物之情可见矣"，即先将性质相近的事物分类，再观察每个类别的特点，这其中便体现了分组统计的思想。宋元时代，学者马端临在所著《文献通考》中，对宋神宗熙宁年间（1068—1077）各州的商税岁额做如下描述："四十万贯以上者三；二十万贯以上者五；十万贯以上者十九；五万贯以上者三十；五万贯以下者五十一；三万贯以下者九十五；一万贯以下者三十五；五千贯以下者七十三；共计三百十一处。"[①]根据该描述可以整理出表4-1，不难发现，我国古代对组距的写法与现在编制频数分布表时对组距的写法要求十分相近。这表明，

---

① 李惠村、莫曰达：《中国统计史》，中国统计出版社1993年版。

我国对统计分组和频数分布的应用历史悠久，体现了古人的智慧。

表 4–1　宋神宗熙宁年间各州的商税岁额示意

分组	征收数
五千贯以下者	73
一万贯以下者	35
三万贯以下者	95
五万贯以下者	51
五万贯以上者	30
十万贯以上者	19
二十万贯以上者	5
四十万贯以上者	3
合计	311

资料来源：国家统计局《宋辽金元统计史》，见中国政府网（https://www.gov.cn/test/2005-06/09/content_5401.htm）。

卢象昇（1600—1639）使用均数的性质，计算每亩地的平均产量。卢象昇将耕地分为上地、中地和下地三等，在风调雨顺的情况下，上地、中地和下地每亩一年可以分别平均收获四斗、三斗和二斗粮食。卢象昇所掌管的耕地中"上地、中地无几，而下地居多"，最后得到所管辖的耕地每亩年平均产量为二斗五升。该计算正是利用了均数可以由各组段的平均数和频数相乘求和后再求平均的计算性质。

用均数来描述数据的集中趋势有时会受到极端值的影响而使计算结果变得不准确，此时可以计算中位数。早在宋代，我国就已经出现使用中位数描述平均水平的应用。《梦溪笔谈》记录，宋代政治家沈括（1031—1095）为提高粮食收购效率，减少粮食价格变动产生的影响，对粮食价格和收购数量分别分五个等级

(见表 4-2)。其中，第 3 等价格为价格的中位数。规定收购的原则为：高价则少购，低价则多购，粮食价格为第 1 等或第 2 等时，对应收购的粮食数量分别为第五数或第四数；粮食价格为第 4 等或第 5 等时，对应收购的粮食数量分别为第二数或第一数；第 3 等价格为正常价格，不需要申报上级就可以收购粮食。

表 4-2　不同粮价收购数量对应关系示意

粮食售价	第 1 等	第 2 等	第 3 等	第 4 等	第 5 等
收购数量	第五数	第四数	第三数	第二数	第一数

资料来源：国家统计局《宋辽金元统计史》，见中国政府网（https://www.gov.cn/test/2005-06/09/content_5401.htm）。

二、案例分析

在我国古代时期，人们就开始将统计思想应用到国家发展和社会管理的各个方面。向学生介绍我国古代统计学的发展历史和统计思想的实际应用，不但可以增加教学趣味性，提高学生学习统计学的热情，而且可以帮助学生树立文化自信，培养学生的创新意识和爱国情怀，引导学生为我国卫生统计学的建设和学科发展贡献自己的力量。教学中也可以结合案例，设置课堂讨论题目，增加师生互动。

三、课堂讨论

（1）"方以类聚，物以群分"和"观其所聚，而天地万物之情可见矣"中，体现了什么统计思想？这样做的目的是什么？

（2）根据宋神宗熙宁年间各州的商税岁额编制频数分布表

并思考编制流程及注意事项。

参考文献

［1］李惠村. 中国古代应用统计方法的若干事例［J］. 统计研究，1987（5）：78 – 80 + 4.

［2］李晓松. 卫生统计学［M］. 8 版. 北京：人民卫生出版社，2017.

［3］刘叔鹤. 沈括的平均价格法：宋代中位数的应用［J］. 统计研究，1985（3）：80.

［4］莫曰达. 中国古代的统计分析［J］. 统计研究，2003（7）：61 – 64.

（范超楠　周文愫　许超凡　凌　莉）

第二节　"超过八成学生支持冬季长跑"：数据的产生

一、案例内容

自 2007 年起，全国"亿万学生阳光体育冬季长跑活动"启动。该活动的目的是提高学生的身体素质，培养学生的顽强意志。该活动引发全国热议——冬季长跑活动到底是否受学生欢迎？针对此问题，活动领导小组邀请了新华社、人民日报、中国新闻网等媒体在河南省进行实地走访调查。

根据新闻《实地走访调查的结果显示：超过八成学生支持冬季长跑》可知，调查范围覆盖了以洛阳市洛龙区和新安县为主的部分洛阳与三门峡的中小学。本次调查共发放问卷 100 份，回收有效问卷100份。

据报道,在运动项目的兴趣方面,喜欢跑步、羽毛球、篮球、乒乓球的学生分别占58%、58%、46%、42%;在长跑活动的好处方面,认为可强健身体、磨炼意志、缓解压力和促进学习进步的学生分别占93%、79%、60%和49%。调查结果显示,85%的学生认为很有必要继续开展长跑活动。

二、案例分析

以新闻报道的调查数据为例,围绕"抽样调查设计和样本代表性",设置案例讨论题目。通过案例讨论,让学生了解科学严谨的研究设计是数据质量的基本保障,引导学生深入思考样本代表性、认识抽样调查的常见错误,培养学生的思辨能力。

三、课堂讨论

(1) 该案例数据的产生属于哪一种研究类型?采用了何种调查方法?

(2) 该案例虽然有明确的研究目的,但是缺乏科学严谨的研究设计,请指出该案例设计存在的问题,并提出解决方法。

(3) 常用的概率抽样方法有哪些?这些抽样方法各有什么优缺点?

参考文献

[1] 李晓松. 卫生统计学 [M]. 8版. 北京:人民卫生出版社,2017.

[2] 孙振球,徐勇勇. 医学统计学 [M]. 4版. 北京:人民卫生出版社,2018.

[3] 王曦辉, 邓柳. 实地走访调查的结果显示：超过八成学生支持冬季长跑 [N]. 大河报, 2009-04-22（A04）.

（颜欢畅　罗　锐　顾　菁）

第三节　《矛与盾》和反证法：统计推断

一、案例内容

我国战国时期的思想家、法家代表人物韩非在《韩非子·难一》中写道："楚人有鬻盾与矛者，誉之曰：'吾盾之坚，物莫能陷也。'又誉其矛曰：'吾矛之利，于物无不陷也。'或曰：'以子之矛，陷子之盾，何如？'其人弗能应也。夫不可陷之盾与无不陷之矛，不可同世而立。"这个故事，很好地体现出了反证法的思想。先假设该楚国人"他的矛什么都能戳穿"，那么"用他的矛戳他的盾"，若戳不穿，那么假设不成立，若戳得穿，则与"他的盾很坚固，什么矛都戳不穿"相矛盾，因此假设不成立。

反证法是间接证明法的一类，是从反方向证明的证明方法。法国数学家雅克·阿达玛（Jacques Hadamard）曾对反证法的实质进行概括："若肯定命题的假设而否定其结论，就会导致矛盾。"小概率反证法是统计学中的假设检验的基本思想。根据研究问题提出原假设（H_0）和备择假设（H_1），基于当前抽样研究的数据推理在 H_0（如两组的总体平均水平相等）成立时，出现当前观察到的事件（两组平均水平的差异）及更不利于 H_0 成立的事件（两组间平均水平的差异更大）是否为小概率事件？由于我们认为小概率事件在单次研究中不会发生，所以如果 H_0 成立时（肯定假设），当前观察到的事件及更不利于 H_0 成立的事件是不会发生的小概率事件（否定结论），则有理由判断原假设不成立，因为假设与观察和推演得到的结论相矛盾。

除了上述案例提到的矛与盾的故事，反证法在科学发展和生活中无处不在。例如，古希腊数学家欧几里得（Euclid）在他的传世之作《几何原本》中，就是利用反证法证明了"素数有无数个"这个命题。根据意大利科学家伽利略晚年的学生 Vincenzo Viviani 的记载，伽利略通过设计"两个铁球同时落地"的比萨斜塔实验，利用发证法推翻了"不同重量的物体从高空下落的速度与它的重量成正比"的思想。

二、案例分析

牛顿提出："反证法是数学家最精当的武器之一。"在生活和科学研究中，反证法无处不在，其是一种逆向思维和批判性思维。习近平总书记在中国科学院第二十次院士大会、中国工程院第十五次院士大会、中国科学技术协会第十次全国代表大会上强调，要激发各类人才创新活力，建设全球人才高地，"要更加重视人才自主培养，更加重视科学精神、创新能力、批判性思维的培养培育。要更加重视青年人才培养，努力造就一批具有世界影响力的顶尖科技人才，稳定支持一批创新团队，培养更多高素质技术技能人才、能工巧匠、大国工匠"[①]。通过假设检验的学习，除了让学生掌握本节的核心知识"假设检验的基本思想"，也要培养学生在科学研究中的逆向思维和批判性思维。

---

① 习近平：《在中国科学院第二十次院士大会、中国工程院第十五次院士大会、中国科协第十次全国代表大会上的讲话（2021 年 5 月 28 日）》，见中国政府网（https://www.gov.cn/gongbao/content/2021/content_5616154.htm）。

参考文献

[1] 李晓松. 卫生统计学 [M]. 8版. 北京：人民卫生出版社，2017.

（陈 雯）

第四节 塔斯基吉梅毒实验：医学伦理

一、案例内容

在20世纪初、没有抗生素的年代，梅毒是一种难以治愈的性传播疾病。1928年，挪威学者在一项对梅毒患者的回顾性研究中，详尽地描述了未经治疗的梅毒在白人男性中的病理学特征。受这项研究的启发，美国公共卫生部组织的医学小组于1932—1972年，在亚拉巴马州西部的一个乡村——塔斯基吉，开展了梅毒感染人体后自然发展过程的研究。

塔斯基吉是当时美国最为贫困的地区之一，居住着许多黑人，并且他们几乎对医学一无所知。20世纪30年代，当地约有36%的贫穷文盲黑人罹患梅毒。在医疗条件恶劣的穷乡僻壤，当地人无知地将梅毒症状、贫血症状以及身体疲劳等症状混为一谈，一概称为"坏血病"。

研究人员通过各种方式在教堂、学校、社区商店等地张贴醒目的宣传海报，利用免费体检、往返免费交通、免费大餐和免费治疗任何小病等诸多福利招募受试者。最终，研究纳入399名感染梅毒的黑人、201名未感染梅毒的黑人作为研究对象。然而，研究者对研究对象隐瞒了实验的真实目的、方法和不良结局，仅告知研究对象正在为他们提供坏血病的治疗。在实验开始十余年后，青霉素问世，因其对梅毒有良好疗效而被广泛应用于梅毒治疗。可是，塔斯基吉梅毒实验的研究人员故意不采取治疗措施，千方百计地阻挠研究对象获取治疗信息和接受青霉素治疗。为获得更多的研究数据，研究人员甚至谎称单纯观察症状无法明确病情，要求研究对象接受痛苦的腰椎穿刺。

1965年，研究员彼得·巴克斯顿（Peter Buxton）发现塔斯基吉梅毒实验存在严重的伦理学问题，与美国疾病预防控制中心沟通无果，直至1972年，巴克斯顿才转向媒体披露这项实验。1972年10月，在实验开始40年后，塔斯基吉梅毒实验才被终止。据统计，当时已有28名研究对象直接死于梅毒，100名研究对象死于梅毒并发症，40名研究对象的妻子感染梅毒，19名儿童出生便感染梅毒。

塔斯基吉梅毒实验是持续时间最长的违背伦理的人体实验，是美国历史上最臭名昭著的生物医学研究。在塔斯基吉梅毒实验中，研究人员清楚地知道实验存在伦理问题，但他们用"促进科学发展"为借口，将其所作所为合理化。2022年是披露塔斯基吉梅毒实验的50周年，马丁·托宾（Martin Tobin）在《美国呼吸与危重监护医学杂志》（*American Journal of Respiratory and Critical Care Medicine*）发表论文，以塔斯基吉梅毒实验为例讨论医学伦理学。文中写道："36年来，美国疾病预防控制中心的研究者在高知名度的医学期刊上发表了15篇相关文章，详细描述梅毒在未治疗时带来的致命危害。即使对没有阅读完整文章的医生来说，诸如《未经治疗的塔斯基吉梅毒研究：观察的第30年》（'The Tuskegee Study of Untreated Syphilis：the 30th Year of Observation'）的标题也足以引起关注。然而，没有一位医生对该实验发表任何批评。"

二、案例分析

科学研究的目的在于探索真理、造福人类,在任何时候都不能把人仅仅当作工具或手段、不得违背人道主义原则。以美国塔斯基吉梅毒实验为例,围绕"科学研究中的伦理学原则",设置案例讨论题目。通过案例讨论,传达研究伦理的基本原则,启发学生对科学研究中伦理学问题的思考,使学生从反面教材中得到有益启示,以树立正确的生命观、价值观。

三、课堂讨论

科学研究中的医学伦理学的四项基本原则分别是什么?塔斯基吉梅毒实验中的研究人员违背了哪些原则?

参考文献

[1] TOBIN M J. Fiftieth anniversary of uncovering the Tuskegee syphilis study: the story and timeless lessons [J]. American journal of respiratory and critical care medicine, 2022, 205 (10): 1145-1158.

(罗 锐 颜欢畅 顾 菁)

第五节 有争议的心肌干细胞研究:科研诚信

一、案例内容

2018年10月,哈佛医学院和布莱根妇女医院确定了前哈佛医学院终身教授 Piero Anversa 博士实验室发表的 31 篇有关"心肌干细胞"的论文涉及数据造假,并主动呼吁各大医学期刊将已发表论文撤回。

在心血管领域的治疗中,包括药物、放置支架、冠脉搭桥等几乎所有临床治疗手段,都不能扭转心力衰竭的进展,只能在一定程度上延缓病情。这是因为成年心肌细胞被认为是不能再生的细胞,一旦损伤便意味着心肌细胞的永久丧失。所以一直以来,都有研究者寄希望于通过干细胞治疗,使心肌再生。2001 年 4 月,Piero Anversa 以通讯作者的身份在 Nature 上发表了一篇文章,声称已经确定心脏含有可以再生心肌的干细胞(命名为 c-Kit$^+$ 细胞),其可以让坏死的心肌重新运转。Piero Anversa 凭借这一发现成为心肌再生领域的引领者,2004 年被美国心脏协会评为"杰出科学家"。Piero Anversa 的研究发现很快吸引了全球无数研究人员投入"心肌干细胞"这一研究领域中,心肌干细胞也成为心肌梗死、心力衰竭患者最大的希望。

但很快陆续有研究团队发表论文表示不能重现 Piero Anversa 的实验结果。2014 年,美国心血管领域的权威专家 Jeffery D. Molkentin 教授在 Nature 上发表论文,指出"心脏中没有干细胞,别再发表这样的研究结果了"。同年,Piero Anversa 发表在 Circulation 上的论文因被研究人员举报"伪造数据"而被撤回。此后,越来越多的学者、期刊和机构提出对 Piero Anversa 实验室伪造数据的质疑和调查,最终于 2018 年确定其学术造假。此时距离 Piero Anversa 提出"心肌干细胞"这一研究领域已过去 17 年,其间大量研究人员、科研经费和社会资金投入这一看似"充满希望"的研究领域,美国国家心脏、肺和血液研究所也曾启动为心衰竭患者注射干细胞的临床试验。美国宾夕法尼亚大学心脏病专家 Jonathan Epstein 教授评价说,"Piero Anversa 的学术造假事件使得整个心血管研究领域遭受毁灭性打击,而那些基于

Piero Anversa 的所谓研究成果的临床试验都应该重新进行评估，以免危及病人健康"。

二、案例分析

本案例的思政要点为实验研究的"可重复性"及学术道德与规范。实验研究是现代科学的根基，而"重复"原则是实验研究设计的三个基本原则之一。在讲解重复原则的第一层含义时，即整个实验的可重复性（实验能够在不同时间和地点被不同研究者所重复），可引用前哈佛医学院终身教授 Piero Anversa 的学术造假事件或其他类似案例为反面案例，向学生强调学术道德规范和科研诚信的重要性。科学研究就像一座摩天大楼，实验研究是大楼的基石，如果基石毁灭，整座大楼也会随之坍塌。科学研究很有可能会经历实验失败或者提出根源上可能就错误的研究假设。研究者应该实事求是，通过优化假设与开发新方法等途径继续探索和创新，杜绝弄虚作假和急功近利的行为。

参考文献

[1] 李晓松. 卫生统计学 [M]. 8 版. 北京：人民卫生出版社，2017.

[2] BERLO J H V, KANISICAK O, MAILLET M, et al. c-Kit$^+$ cells minimally contribute cardiomyocytes to the heart [J]. Nature, 2014, 509 (7500)：337 - 341.

[3] ORANSKY I, MARCUS A. Harvard and the Brigham call for more than 30 retractions of cardiac stem cell research [EB/OL]. (2018 - 10 - 14) [2023 - 10 - 20]. https：//www. statnews. com/2018/10/14/harvard – brigham – retractions – stem – cell.

（王　琦　陈　雯）

第六节　卫生健康事业发展统计公报：统计图表和卫生统计指标

一、案例内容

《卫生健康事业发展统计公报》，是由国家卫生健康委员会于每年年中发布的针对上一年国家卫生事业发展的总结报告，是卫生统计工作的重要组成部分。《卫生健康事业发展统计公报》的统计内容与时俱进，近年来主要包括"卫生资源""医疗服务""基层卫生服务""中医药服务""病人医药费用""疾病控制与公共卫生""妇幼卫生与健康老龄化""食品安全与卫生监督""人口家庭发展"等方面，数据具有高时效性、全面性和准确性的特点，对我国的卫生事业发展及科学研究、政策制定具有十分重要的意义。本案例来源为《卫生健康事业发展统计公报》中的"卫生资源"部分。

（一）医疗卫生机构总数

表4-3展示了2019年和2020年全国各级各类医疗卫生机构的数目。纵标目是各医疗卫生机构的类别，横标目是2019年和2020年两个年份的统计数据。除专业公共卫生机构外，相较于2019年，2020年其他类别卫生机构数均有所增长。图4-1以复式条图的形式直观地展示了2015—2020年全国各类别医疗卫生机构数的变化情况。对于乡镇卫生院，2015—2017年，机构数保持稳定，为3.7万个；2018—2020年，机构数略有减少且保持稳定，为3.6万个。对于社区卫生服务中心（站），

2015—2016年,机构数保持稳定,为3.4万个;2017—2020年,机构数略微增加且保持稳定,为3.5万个。对于医院,2015—2020年,机构数保持持续增长,从2.8万个增长到3.5万个。

表4-3 2019年和2020年全国医疗卫生机构数

机构类别	机构数/个	
	2019年	2020年
总计	1007545	1022922
医院	34354	35394
公立医院	11930	11870
民营医院	22424	23524
医院中:三级医院	2749	2996
二级医院	9687	10404
一级医院	11264	12252
基层医疗卫生机构	954390	970036
#社区卫生服务中心(站)	35013	35365
#政府办	17374	17330
乡镇卫生院	36112	35762
#政府办	35655	35259
村卫生室	616094	608828
诊所(医务室)	240993	259833
专业公共卫生机构	15924	14492
#疾病预防控制中心	3403	3384
专科疾病防治机构	1128	1048
妇幼保健机构	3071	3052
卫生监督所(中心)	2835	2934
计划生育技术服务机构	4275	2810
其他机构	2877	3000

注:
#系其中数,如#社区卫生服务中心(站)表示:基层医疗卫生机构中,有多少是社区卫生服务中心(站)。以下各表同。个别大类数值多于其下小类相加之总数,原因是还有部分机构无法归于表中各小类。

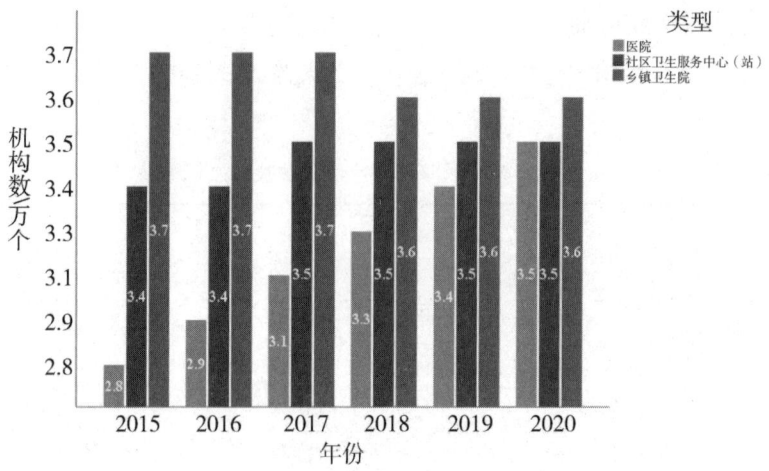

图 4-1　2015—2020 年全国医疗卫生机构数

（二）床位数

2015—2020 年全国医疗卫生机构床位数及增长速度如图 4-2 所示。其中床位数以条图形式表示，床位数增长速度以折线形式表示。左侧纵坐标轴为床位数，右侧纵坐标轴为比上年增长的百分比。由图 4-2 可以看出，2015—2020 年，全国医疗卫生机构床位总数保持增长，但 2017 年后增长速度逐年放缓。到 2020 年末，全国共有医疗卫生机构床位 910.1 万张，相比上年增长 3.3%。

（三）卫生人员总数

表 4-4 展示了 2019 年和 2020 年全国各类别卫生人员的数量。2020 年，除乡村医生和卫生员外，其他类别的卫生人员数量均较 2019 年有所增长。图 4-3 以垂直堆叠条形图的形式展示了 2015—2020 年全国卫生技术人员数量的变化情况和各年度不

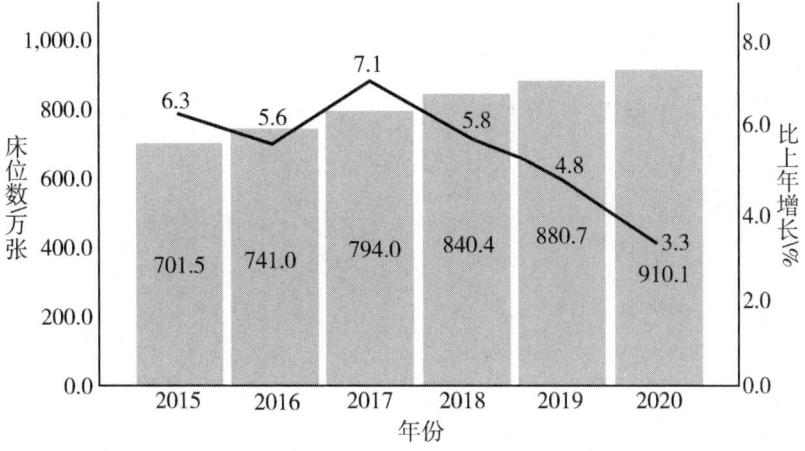

图 4-2 2015—2020 年全国医疗卫生机构床位数及增长速度

同卫生技术人员类别的构成情况。2015—2020 年，全国卫生技术人员总数和各类卫生技术人员数量均呈增长趋势。表 4-5 展示了 2019 年和 2020 年全国各类医疗卫生机构的卫生人员和卫生技术人员数量。除卫生监督所（中心）外，其余各类医疗卫生机构 2020 年的卫生人员和卫生技术人员数量均较 2019 年有所增长。

表 4-4 2019 年和 2020 年全国卫生人员数

指标	2019 年	2020 年
卫生人员总数/万人	1292.8	1347.5
卫生技术人员/万人	1015.4	1067.8
#执业（助理）医师/万人	386.7	408.6
#执业医师/万人	321.1	340.2
注册护士/万人	444.5	470.9
药师（士）/万人	48.3	49.7
技师（士）/万人	53.6	56.1

续表 4-4

指标	2019 年	2020 年
乡村医生和卫生员/万人	84.2	79.1
其他技术人员/万人	50.4	53.0
管理人员/万人	54.4	56.1
工勤技能人员/万人	88.4	91.1
每千人口执业（助理）医师/人	2.77	2.90
每万人口全科医生/人	2.61	2.90
每千人口注册护士/人	3.18	3.34
每万人口专业公共卫生机构人员/人	6.41	6.56

注：卫生人员和卫生技术人员数包括公务员中取得"卫生监督员证书"的人数。下表同。

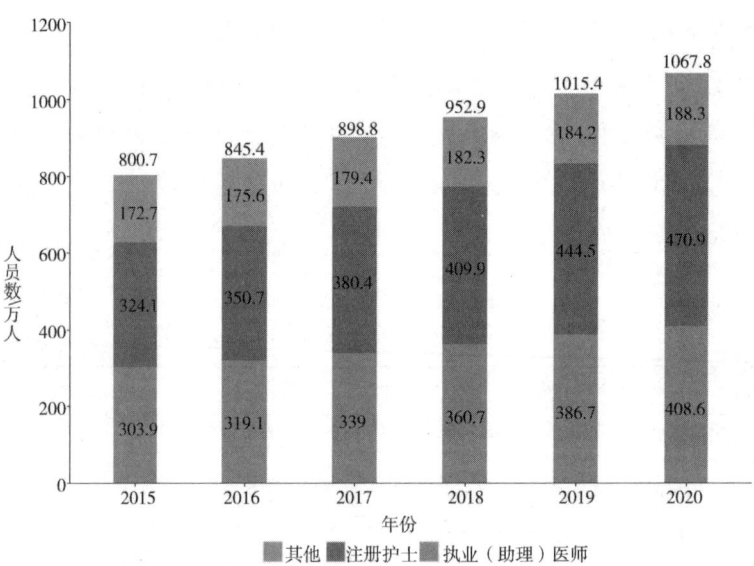

图 4-3 2015—2020 年全国卫生技术人员数

表4-5 2019年和2020年全国各类医疗卫生机构人员数

单位：万人

机构类别	人员数		卫生技术人员数	
	2019年	2020年	2019年	2020年
总计	1292.8	1347.5	1015.4	1067.8
医院	778.2	811.2	648.7	677.5
公立医院	600.2	621.3	509.8	529.2
民营医院	178.1	189.9	138.9	148.2
基层医疗卫生机构	416.1	434.0	292.1	312.3
#社区卫生服务中心（站）	61.0	64.8	52.5	55.8
乡镇卫生院	144.5	148.1	123.2	126.7
专业公共卫生机构	89.6	92.5	70.0	72.7
#疾病预防控制中心	18.8	19.4	14.0	14.5
妇幼保健机构	48.7	51.5	40.5	42.9
卫生监督所（中心）	7.9	7.9	6.5	6.4
其他机构	8.9	9.8	4.6	5.2

（四）卫生总费用

表4-6展示了2019年和2020年全国卫生总费用、卫生总费用构成、卫生总费用占GDP比例和人均卫生费用情况。相较于2019年，2020年全国卫生总费用、卫生总费用占GDP比例和人均卫生费用均有所增长。从卫生总费用构成情况来看，相较于2019年，2020年政府卫生支出占比增多，社会卫生支出和个人卫生现金支出占比降低。

表4-6 2019年和2020年全国卫生总费用

指标	2019年	2020年
卫生总费用/亿元	65841.4	72306.4
政府卫生支出/亿元	18017.0	21998.3
社会卫生支出/亿元	29150.6	30252.8
个人卫生现金支出/亿元	18673.9	20055.3
卫生总费用构成/%	100.0	100.0
政府卫生支出/%	27.4	30.4
社会卫生支出/%	44.3	41.8
个人卫生现金支出/%	28.4	27.7
卫生总费用占GDP比例/%	6.64	7.12
人均卫生费用/元	4702.8	5146.4

注：2020年系初步推算数。

二、案例分析

《卫生健康事业发展统计公报》的案例可用于统计描述和卫生统计指标等章节的教学。统计描述是认识数据、熟悉数据的首要步骤。科学、合理和可靠的统计分析，要以正确的统计描述为基础。在统计描述的学习内容中，可采用该案例，向学生介绍统计量和统计图表的相关内容。在卫生统计指标章节的教学中，可基于该案例介绍动态数列及其指标。通过案例教学，让学生在学习专业知识的同时，了解我国卫生健康事业发展的现况和发展过程，使学生树立为我国卫生健康事业的发展贡献力量的理想信念。

参考文献

［1］国家卫生健康委员会. 2020年我国卫生健康事业发展

统计公报［EB/OL］.（2021-07-13）［2023-10-20］. http://www.nhc.gov.cn/guihuaxxs/s10743/202107/af8a9c98453c4d9593e07895ae0493c8.shtml.

（范超楠　周文愫　许超凡　凌　莉）

第七节　第七次全国人口普查公报：卫生统计常用指标

一、案例内容

《中华人民共和国统计法》和《全国人口普查条例》明确规定，每十年进行一次人口普查。人口普查是重大的国情国力调查，涉及每一个人、每一个家庭以及社会的各个方面，受到社会高度关注。2020年开展的第七次全国人口普查，处于中国特色社会主义进入新时代的关键时期，具有重要而深远的意义。本案例来源为第七次全国人口普查结果。

1. 全国人口情况

全国总人口为1,443,497,378人，与2010年第六次全国人口普查的1,339,724,852人相比，增加72,053,872人，增长5.38%，年平均增长率为0.53%。

2. 人口性别构成情况

全国人口中，男性人口为723,339,956人，占51.24%；女性人口为688,438,768人，占48.76%。总人口性别比（以女性为100，男性对女性的比例）为105.07，与2010年第六次全国人口普查结果基本持平。31个省份中，总人口性别比在100以下的省份有2个，在100至105之间的省份有17个，在105至

110之间的省份有9个,在110以上的省份有3个(见表4-7)。

表4-7 各地区人口性别构成

单位:%

地区	比重		性别比
	男	女	
全国	51.24	48.76	105.07
北京	51.14	48.86	104.65
天津	51.53	48.47	106.31
河北	50.50	49.50	102.02
山西	50.99	49.01	104.06
内蒙古	51.04	48.96	104.26
辽宁	49.92	50.08	99.70
吉林	49.92	50.08	99.69
黑龙江	50.09	49.91	100.35
上海	51.77	48.23	107.33
江苏	50.78	49.22	103.15
浙江	52.16	47.84	109.04
安徽	50.97	49.03	103.94
福建	51.68	48.32	106.94
江西	51.60	48.40	106.62
山东	50.66	49.34	102.67
河南	50.15	49.85	100.60
湖北	51.42	48.58	105.83
湖南	51.16	48.84	104.77
广东	53.07	46.93	113.08
广西	51.70	48.30	107.04
海南	53.02	46.98	112.86

续表 4-7

地区	比重		性别比
	男	女	
重庆	50.55	49.45	102.21
四川	50.54	49.46	102.19
贵州	51.10	48.90	104.50
云南	51.73	48.27	107.16
西藏	52.45	47.55	110.32
陕西	51.17	48.83	104.79
甘肃	50.76	49.24	103.10
青海	51.21	48.79	104.97
宁夏	50.94	49.06	103.83
新疆	51.66	48.34	106.85

注：

1. 本公报数据均为初步汇总数据。

2. 全国人口指大陆31个省、自治区、直辖市和现役军人的人口，不包括居住在31个省、自治区、直辖市的港澳台居民和外籍人员。

3. 人口年龄构成情况

全国人口中，0—14岁人口为253,383,938人，占17.95%；15—59岁人口为894,376,020人，占63.35%；60岁及以上人口为264,018,766人，占18.70%，其中65岁及以上人口为190,635,280人，占13.50%。与2010年第六次全国人口普查相比，0—14岁人口的比重上升1.35个百分点，15—59岁人口的比重下降6.79个百分点，60岁及以上人口的比重上升5.44个百分点，65岁及以上人口的比重上升4.63个百分点。31个省份中，15—59岁人口比重在65%以上的省份有13个，在60%~65%之间的省份有15个，在60%以下的省份有3个。除西藏外，其他30个省份65岁及以上老年人口比重均超过7%，其中，12个省份65

岁及以上老年人口比重超过14%（见表4-8）。

表4-8 各地区人口年龄构成

单位:%

地区	比重			
	0—14岁	15—59岁	60岁及以上	其中:65岁及以上
全国	17.95	63.35	18.70	13.50
北京	11.84	68.53	19.63	13.30
天津	13.47	64.87	21.66	14.75
河北	20.22	59.92	19.85	13.92
山西	16.35	64.72	18.92	12.90
内蒙古	14.04	66.17	19.78	13.05
辽宁	11.12	63.16	25.72	17.42
吉林	11.71	65.23	23.06	15.61
黑龙江	10.32	66.46	23.22	15.61
上海	9.80	66.82	23.38	16.28
江苏	15.21	62.95	21.84	16.20
浙江	13.45	67.86	18.70	13.27
安徽	19.24	61.96	18.79	15.01
福建	19.32	64.70	15.98	11.10
江西	21.96	61.17	16.87	11.89
山东	18.78	60.32	20.90	15.13
河南	23.14	58.79	18.08	13.49
湖北	16.31	63.26	20.42	14.59
湖南	19.52	60.60	19.88	14.81
广东	18.85	68.80	12.35	8.58
广西	23.63	59.69	16.69	12.20

续表 4-8

地区	比重			
	0—14 岁	15—59 岁	60 岁及以上	其中：65 岁及以上
海南	19.97	65.38	14.65	10.43
重庆	15.91	62.22	21.87	17.08
四川	16.10	62.19	21.71	16.93
贵州	23.97	60.65	15.38	11.56
云南	19.57	65.52	14.91	10.75
西藏	24.53	66.95	8.52	5.67
陕西	17.33	63.46	19.20	13.32
甘肃	19.40	63.57	17.03	12.58
青海	20.81	67.04	12.14	8.68
宁夏	20.38	66.09	13.52	9.62
新疆	22.46	66.26	11.28	7.76

注：

1. 本公报数据均为初步汇总数据。部分数据因四舍五入的原因，存在总计与分项合计不等的情况。

2. 全国人口是指大陆 31 个省、自治区、直辖市和现役军人的人口，不包括居住在 31 个省、自治区、直辖市的港澳台居民和外籍人员。

3. 0—15 岁人口为 268,707,162 人，16—59 岁人口为 879,052,796 人。

二、案例分析

本案例对人口数、人口构成比、老年人口系数（65 岁及以上人口构成比）、少年儿童人口系数（14 岁及以下少年儿童构成比）、性别比、增长速度等卫生统计常用指标进行了综合描述，为学生掌握应用人口特征统计指标提供了范例。通过本案例的介绍，让学生了解我国人口普查的重要意义：①及时开展人口普查，全面查清我国人口数量、年龄性别结构、地区分布等方面的最新情况，既能为制定和完善未来收入、消费、教育、就业、养老、医疗、社会保障等政策措施提供数据基础，也能为教育和医疗机构、儿童和老年人服务设施、工商业服务网点、城乡道路等布局建设提供决策依据。②及时摸清人力资源结构信息，更加准确地把握需求，了解城乡、区域、产业等结构状况，为推动经济高质量发展、建设现代化经济体系提供有力的支持。③了解人口增长、劳动力供给、流动人口变化情况，摸清老年人口规模，有助于准确分析判断未来人口形势，准确把握人口发展变化的新情况、新特征和新趋势，对于调整完善人口政策、推动人口结构优化、促进人口素质提升具有重要意义。

三、课堂讨论

（1）常用的人口特征统计指标有哪些？

（2）第七次人口普查数据显示：我国 2020 年人口总数为 1,443,497,378 人，男性人口数为 723,339,956 人，女性人口数为 688,438,768 人；≥65 岁人口数为 190,635,280 人，≤14 岁人口数为 253,383,938 人，15—64 岁人口数为 999,478,160 人。请根据上述数据计算老年人口系数、少年儿童人口系数、负担系数、老少比和性别比。

参考文献

[1] 李晓松. 卫生统计学 [M]. 8 版. 北京：人民卫生出版社，2017.

[2] 国家统计局. 全国人口普查公报 [EB/OL]. (2021 – 05 – 11) [2023 – 10 – 20]. https://www.stats.gov.cn/sj/tjgb/rkpcgb/.

[3] 国家统计局. 第七次全国人口普查公报 [EB/OL]. (2021-05-13) [2023-10-20]. https://www.gov.cn/guoqing/2021-05/13/content_5606149.htm.

（杜志成）

第八节 卫生统计指标的选择需谨慎： 卫生统计常用指标

一、案例内容

新冠疫情在全球大流行期间，全世界的新闻媒体，几乎每天都报道 COVID-19 相关情况。对于 COVID-19 的严重性，新闻媒体使用了不同的卫生统计指标进行报道。常见的指标是粗死亡率（crude mortality rate，CMR）、病例死亡率（case fatality rate，CFR）和感染死亡率（infection fatality rate，IFR）。不同指标的水平差别可能很大，大众对不同卫生统计指标的理解程度如何？报道不同的疾病统计指标，对大众判断疫情形势是否有影响？对大众规范日常防疫行为是否有影响？

2022 年，*Humanities and Social Sciences communications* 杂志发表了论文 "Choosing the Right COVID-19 Indicator: Crude Mortality, Case Fatality, and Infection Fatality Rates Influence Policy Preferences, Behaviour, and Understanding"。该研究旨在通过实验研究的方法，来检验使用不同类型的死亡统计指标是否能够以及如何改变人们对待防控政策的态度、个人和社会行为、对死亡统计指标的理解。研究发现，上述三个指标都受到了大众的严重误解。其中，使用粗死亡率可以让大众更加支持防控政策以及规范个人的防疫行为。

文章提道：CFR 表示确诊患者中死亡人群的占比；IFR 表示感染者中死亡人群的占比，值得注意的是，对于包括COVID-19在内的很多传染病难以获得精确的感染者数目；CMR 表示全人群中因某病死亡人群的占比。研究者通过亚马逊平台招募了1942 名美国居民，并采用 Qualtrics 平台进行调查。研究对象被随机地分到 IFR、CFR、CMR、Control 4 个组，其中，IFR 组提供 COVID-19 疫情的 IFR 指标，CFR 组提供 COVID-19 疫情的 CFR 指标，CMR 组提供 COVID-19 疫情的 CMR 指标，而 Control 组则不提供任何的统计指标。研究者收集了 4 个方面的结局：对政策的态度、对经济和健康危机的态度、行为反应、对死亡指标的理解。其中，对政策的态度采用 5 等级的李克特量表，1 分表示完全反对、5 分表示完全支持；对经济和健康危机的态度也采用 5 等级的李克特量表，1 分表示完全不担心、5 分表示非常担心；行为反应采用 10 分制，−5 分表示不会去做、5 分表示会去做；对死亡指标的理解采用指示变量，0 表示不理解、1 表示理解。

分析结果发现：与 Control 组相比，CMR 组的研究对象表现对强制戴口罩的政策更加支持（见表 4 – 9）。与 Control 组相比，CMR 组的研究对象对经济危机更加担心（见表 4 – 10）。与 CFR 组相比，CMR 组和 IFR 组的研究对象对 CMR 和 IFR 都有不同程度的误解（见表 4 – 11）。其他研究结局未发现统计学意义。

表4-9 不同死亡率指标与政策态度（原文摘录）

Treatment	Mask β (SE)	Events β (SE)	Religious β (SE)	Tax β (SE)
CMR	0.269 (0.124)**	0.075 (0.119)	0.150 (0.118)	0.048 (0.116)
IFR	-0.023 (0.122)	-0.044 (0.118)	-0.004 (0.120)	0.089 (0.121)
CFR	-0.018 (0.124)	-0.147 (0.122)	-0.012 (0.121)	-0.025 (0.118)

注：

Mask：强制戴口罩；Events：禁止室内聚集；Religious：禁止宗教活动；Tax：增加税收；β：偏回归系数，取值越大表示越支持该政策；SE：偏回归系数的标准误。模型结局指标为政策态度得分，为连续型变量，采用线性回归模型进行分析，4分类的分组变量为主要的自变量，同时纳入人口学变量进行校正。

**：$P<0.05$。

资料来源：Focacci C N, Lam P H, Bai Y. "Choosing the Right COVID-19 Indicator: Crude Mortality, Case Fatality, and Infection Fatality Rates Influence Policy Preferences, Behaviour, and Understanding," *Humanities and Social Sciences Communications*, 2022, 9(1): 1-8.

表4-10 不同死亡率指标与经济和健康危机态度（原文摘录）

Treatment	Health Crisis β (SE)	Economic Crisis β (SE)
CMR	0.083 (0.122)	0.264 (0.122)**
IFR	-0.054 (0.123)	0.126 (0.121)
CFR	-0.036 (0.122)	0.054 (0.121)

注：

Health Crisis：健康危机态度；Economic Crisis：经济危机态度；β：偏回归系数，取值越大表示越担心该危机；SE：偏回归系数的标准误。模型结局指标为危机态度得分，为连续型变量，采用线性回归模型进行分析，4分类的分组变量为主要的自变量，同时纳入人口学变量进行校正。

**：$P<0.05$。

资料来源：Focacci C N, Lam P H, Bai Y. "Choosing the Right COVID-19 Indicator: Crude Mortality, Case Fatality, and Infection Fatality Rates Influence Policy Preferences, Behaviour, and Understanding," *Humanities and Social Sciences Communications*, 2022, 9 (1): 1-8.

表 4-11　不同死亡率指标与理解程度（原文摘录）

Treatment	Understand1 β (SE)	Understand2 β (SE)	Understand3 β (SE)
CMR	0.074 (0.137)	-0.907 (0.139)***	-0.587 (0.137)***
IFR	-0.297 (0.144)**	-0.613 (0.137)***	-0.638 (0.137)***

注：

Understand1：选择美国以外的新加坡为例，让被调查者根据当地的COVID-19疫情选择正确的指标；Understand2：假想的疾病选择正确的指标；Understand3：自己所在的组选择正确的指标；β：偏回归系数，取值越大表示越理解该指标；SE：偏回归系数的标准误。模型结局指标为理解程度得分，为连续型变量，采用线性回归模型进行分析，3分类的分组变量为主要的自变量（以CFR组为参照），同时纳入人口学变量进行校正。

＊＊＊：$P<0.01$；＊＊：$P<0.05$。

资料来源：Focacci C N, Lam P H, Bai Y. "Choosing the Right COVID-19 Indicator: Crude Mortality, Case Fatality, and Infection Fatality Rates Influence Policy Preferences, Behaviour, and Understanding," *Humanities and Social Sciences Communications*, 2022, 9 (1): 1-8.

二、案例分析

通过案例讨论，让学生了解卫生统计指标的重要性，使用不同的卫生统计指标可以影响大众对卫生政策、经济危机、健康危机的态度，进而影响个人卫生行为的执行意愿。同时，让学生体会到卫生统计科普的重要性，认识到卫生统计指标的计算不容马虎，培养学生的社会责任感与卫生统计事业使命感。

三、课堂讨论

（1）常用的人口死亡统计指标有哪些？

(2) 死亡率的定义及其计算方法是什么？

(3) 病死率的定义及其计算方法是什么？

参考文献

[1] 李晓松. 卫生统计学 [M]. 8 版. 北京：人民卫生出版社，2017.

[2] FOCACCI C N, LAM P H, BAI Y. Choosing the right COVID-19 indicator: crude mortality, case fatality, and infection fatality rates influence policy preferences, behaviour, and understanding [J]. Humanities and social sciences communications, 2022, (19): 1-8.

（杜志成）

第九节 CAST 试验——临床决策上的一次质的飞跃：Meta 分析

一、案例内容

目前，Meta 分析方法几乎被应用于所有医学学科的研究，被用于汇总分析同类研究的不同研究结果。

Meta 分析在医学领域早期主要用于心血管疾病药物治疗研究。以 1989 年的心律失常抑制试验（The Cardiac Arrhythmia Suppression Trial, CAST）为例，这是一个经典案例。在 20 世纪 80 年代初期，随着冠心病监护病房的设立和动态心电图监测的普及，医生们注意到心肌梗死后患者通常伴有室性心律失常，特别是室性早搏。队列研究表明，患有室性早搏的心肌梗死患者的短期和长期病死率以及心脏猝死率显著增加。因此，医生们普遍认为，减少室性早搏发生次数可以降低心肌梗死后患者的病死率，而且减少得越多越好。然而，美国国家心脏、肺和血液研究所在循证医学的指导下，认为这种做法缺乏客观证据，因此启动了 CAST 研究。在该研究中，患者被随机分组接受安慰剂或抗心律失常药物（英卡胺、氟卡胺或莫雷西嗪），主要目标是评估心律失常相关性死亡率。试验的假设是抗心律失常药物组的效果优于安慰剂组。然而，由于当时盛行经验医学思维，CAST 试验受到了广泛的质疑。许多人认为这项试验挑战了传统思维，甚至一些医生不愿积极招募患者参加试验，因为他们担心患者若被分到安慰剂组，室性早搏得不到抑制，会增加死亡风险。CAST 试验于 1987 年开始，原计划纳入尽可能多的患者，并对他们进行 3 年的随访。然而，令人意外的是，该试验仅纳入了 1498 名患者，并在平均仅随访了 10 个月后，就因为获得明确结果而提前终止了英卡胺和氟卡胺部分试验。与安慰剂组相比（2.2%，16/743 例），英卡胺或氟卡胺治疗组的主要终点事件心律失常相关性死亡的发生率为 5.7%（43/755 例），即抗心律失常药物治疗使相对风险增高 2.64 倍（95% 置信区间为 1.60～4.36，$P = 0.0004$）。此外，抗心律失常药物组和安慰剂组的全因死亡或猝死发生率分别为 8.3% 和 3.5%，前者风险增高 2.38 倍（95% 置信区间为 1.59～3.57，$P = 0.0001$）；全因病死率分别为 7.7% 和 3.0%，前者风险增高 2.5 倍（95% 置信区间为 1.6～4.5，$P = 0.0003$）。强效抗心律失常药物治疗虽能显著减少室性早搏发生，但却显著增加心律失常相关性死亡率。CAST 研究的结果，推翻了经验医学所广泛接受的观点。CAST 研究属于 Meta 分析的一种形式，其主要目的是通过重新分析原始临床试验数据来验证这些试验的结论是否正确。

  循证医学的核心目标是尽可能提供和应用当前最可靠的临床

研究证据，主要涉及临床人体研究的各个领域，包括病因、诊断、预防、治疗、康复和预后等。这些研究证据可以通过多种方式获得，包括实验室研究、动物实验、理论构想、个体或群体临床病例研究报告、横断面研究、病例对照研究、队列研究、随机对照的临床试验（randomized controlled trial，RCT），以及汇总符合研究标准的系统性评价（Meta 分析）等各种不同类型的研究方法。Meta 分析被认为是最可信的证据来源之一，因为它汇总了多个独立研究的结果，具有更大的样本量和统计力量，有助于更准确地估计效应量。对于临床医生来说，根据不同类型证据的级别，他们需要谨慎地权衡和评估这些证据，以制定最合适的临床决策。在这个过程中，考虑证据的来源、质量和可信度至关重要，以确保为患者提供最佳的医疗护理。

二、案例分析

以 CAST 试验为案例，围绕"Meta 分析的应用"，设置案例讨论题目。通过案例讨论，让学生分清现象与本质，处理好整体与局部的关系。

大数据时代已经来临，它正在悄悄地改变着人们的行为与思维。在基础统计教学基础上，引导学生更进一步地理解大数据统计思想，不仅能在教学中起到延伸和拓展统计方法的作用，促使学生更深层次地思考统计问题，也能与思政教育精神契合，引领学生紧跟时代步伐，培养学生勇于创新和不断挑战困难的精神，从而实现育人的目的。学生在理论与实验、实践的结合中能充分领略统计学的魅力，大大提升收集数据的能力。在授课过程中，教师要引导学生辩证地看待数据，要思考数据是否可靠、是否客观；在引导学生理解数据的来之不易的同时，也要指明数据不一定就是真实的，数据不是一切；教育学生在以后的工作中要有职业道德和社会责任感，要脚踏实地，不能"唯数据论"，诚实做人，不能弄虚作假。这些诚实守信、实事求是、科学精神、专业素养、公平正义、辩证唯物主义的认识论（实践观）等德育元素的渗透，对学生树立正确的世界观、价值观、人生观能起到十分重要的作用。

三、课堂讨论

（1）CAST试验的结果是否适用于所有类型的患者？

（2）Meta分析的基本步骤是什么？

（3）什么是大数据和生物医学大数据？

（4）身处生物医学大数据时代，请思考统计学面临的机遇和挑战。

参考文献

[1] 但汉雷，白杨，张亚历，等. Meta分析方法及其医学科研价值与评价 [J]. 中华医学科研管理杂志，2003（1）：12–16.

[3] 刘哲然. 从经验医学、循证医学到精准医学的演变及评价 [J]. 医学与哲学，2017，38（10）：81–84.

[4] 张国庆，李亦学，王泽峰，等. 生物医学大数据发展的新挑战与趋势 [J]. 中国科学院院刊，2018，33（8）：853–860.

[4] BEECHER H K. The powerful placebo [J]. Journal of the American medical directors association，1955，159（17）：1602–1606.

（郭　童　张王剑）

第十节 慢性毒理学试验中的非独立数据：大数据与公共卫生

一、案例内容

重复测量设计在毒理、药理和临床试验等领域的应用非常广泛，特别适用于试验样本有限的情况。它可用于收集医学研究中的时序数据，例如药物非临床试验中的试验数据，以及不同剂型、不同时间下的血药浓度和患者对药物的生理反应等信息。

在进行重复测量设计时，通常要考虑多个因素，包括药物类型、药物剂量和时间点。通过进行方差分析，可以更全面地了解药物的起效时间、持续时间，并对不同剂量和药物效应在整个动态过程中的显著性进行综合评估。这种方法有助于减少数据中的重复性，提高试验结果的可靠性，为医学研究提供有力的支持。

在慢性毒理学试验中，一般将动物按毒物剂量分成几组，在动物成长的过程中，观察比较摄食不同剂量的毒物对动物的生理生化指标的影响。动物的各种变化除毒物的作用外，同时还有成长过程中各种因素特别是年龄因素的影响。在医学论文中关于重复测量资料的方差分析，相当一部分人应用单因素方差分析或其他方差分析方法进行分析，忽视了多个时间点数据的相关性。要区别毒物与这些因素（如年龄）的交互影响，应该采用重复测量数据的方差分析方法。国内有研究采用该种方法，比较食用含有不同剂量的两种农药的饲料的雄鼠在两年过程中的体重变化。结果发现：两种农药对大鼠体重的影响是不同的，A 药各剂量组对生长发育期雄鼠体重的影响不明显，但在大鼠成年后剂量对其体重的影响明显。而不同剂量的 B 药对雄鼠体重的影响在其生长发育期即有明显差异。一般情况下，幼年动物对毒物的敏感性更高，而该研究却发现年幼雄鼠似乎对 A 药反而不敏感，而成年后各剂量组的差异更明显，可能是由于 A 药的慢性毒性作用在累积到一定水平时才显现出来。而 B 药在一开始即显示出对体重的影响。同时，研究发现单纯从曲线图来分析，不能定量地分析其差异的统计学显著性，这是曲线图的局限性，而重复测量数据的方差分析弥补了这一局限性。由于同一只大鼠体重数据在一个时间序列中，前后不能相互独立存在，后者受前者大小的制约，重复测量数据的方差分析方法是纵向观察 104 周中同一研究指标的变化，是前瞻性地比较每个时间点的横断面的差异，与一般的方差分析方法相比有很大的优越性，它整体考虑了数据的组间差异、各时间点间差异、各观察对象个体间差异及随机误差，进行三个方面的假设检验，处理组效应、处理时间点效应及处理组与时间点的交互作用。

二、案例分析

以慢性毒理学试验中的非独立数据为案例，围绕"非独立数据的概念、非独立数据的常见类型和分析方法"，设置案例讨论题目。统计学是关于数据的方法论科学，它提供的是一套用于全领域、各行业收集、整理、分析及解释数据的通用分析方法，是一种通用的数据分析语言。开展对统计数据的收集、整理和统计指标的分析教学课程时，可以在课程中适时地融入马克思主义、毛泽东思想。例如，统计学以数据为根本，以"物质第一性"观点作为课堂切入点，引出统计学中以客观数据为本的理念，并且引导学生思考马克思主义哲学理念的内涵，继而引出统计学研究数据的初衷，即找出数据的特征以及其中所蕴含的规律性，揭示事物的变化及发展。另外，在学生进行数据及指标探索时，让他们真实感受到统计在自己的身边，感受学习统计的真正价值，这样会极大地激发学生的学习兴趣，从而使其主动探索统计理论与方法的奥妙。这样不仅仅能使学生掌握收集、整理、分析数据的技术，更能教会学生怎样读懂数据背后的事实，让学生学会用总体与个体、静态与动态、相对与绝对、一般与特殊、具体与抽象、归纳与演绎等不同的思维方式分析和解决问题。

三、课堂讨论

（1）请简述非独立数据的几种常见类型。

（2）为什么在公共卫生调查中采用重复测量设计是一项关键环节？请提供一个实际的应用案例。

参考文献

［1］李晓松. 卫生统计学［M］. 8版. 北京：人民卫生出版社，2017.

［2］任宁，夏世钧，韩平戎. 重复测量数据的方差分析方法在比较农药对雄性大鼠体重影响中的应用［J］. 中国卫生统计，2012，29（2）：251-253.

［3］相广萍. 应用型高校统计学的教学探索：基于"六位一体、课程思政"双视角［J］. 办公自动化，2021，26（4）：38-40.

（郭　童　张王剑）